永恒的记忆

何薇薇 马曙明 / 编著

九州出版社
JIUZHOUPRESS

前　言

　　历史的每一次重大变革和进步,往往都伴随着抗争和牺牲,那些为了正义和胜利所付出的血和泪,应该被铭记。

　　临海,这座屹立在东海之滨的千年古城,从来都不缺抗争精神,先有临海太守辛景率众筑城抵抗孙恩,后有方国珍吹响反元第一支号角建立政权,直至最后一个封建王朝走向终结,推动历史车轮进入一个新时代的队伍里,依然有着临海人民的身影。五四的惊雷响彻临海上空,点燃了临海青年反帝爱国的革命热情,冲破了陬隅之地的封建藩篱,也唤醒了人民保家卫国的意识觉悟。在那个风雨飘摇的年代里,锤子与镰刀组成的信仰,使人们的精神有了依傍,斗争有了方向。烙进历史的红色印记,有着属于临海的光芒。无数从临海走出去的革命先烈聚集在红色的旗帜下,在中国共产党的领导下,凭着顽强的意志和不懈的追求,与全国人民一道夺取了最终的胜利。

　　他们中的有些人,在中华人民共和国成立后继续为建设祖国、服务人民而奋斗,有些人则永远留在了黎明前的黑暗里。过去不代表遗忘,他们的精神、他们的事迹、他们的姓名,都应该让生活在和平年代的人们知晓。2021 年是中国共产党成立一百周年的伟大时刻,中共临海市委高度重视党史学习教育工作,市委宣传部牵头编写此书,旨在引导大家重温红色历史,缅怀革命先烈,将红色精神转化为牢记初心使命、积极干事创业的不竭动力,为党的事业奋斗终生,为建设临海作出更大的贡献。

本书编写过程中,得到了王海燕女士,朱汉滨、杨燕春夫妇,朱珠女士,郭凤书女士,阚文木先生,阚军先生,阚民女士等革命先辈亲属的支持与帮助,市党史研究室、临海市档案馆也提供了诸多帮助,及其他为本书的出版提供帮助者,未能一一列出,在此一并感谢。

目 录

附　录

党史回眸

星火荧煌曜川泽

历史不是过去式,历史是进行式的。每一个今天都正在成为历史,每一段历史都是铺向今天的路。历史的血泪换来了今天的和平,今天的和平决定了未来的辉煌。

1919年5月4日,历史的时钟在这一天被重重敲动,改天换地的声音响彻华夏大地,风雷之中,一个崭新的时代由此拉开序幕。五四运动在北京爆发,这场由北京学生发起,继而迅速扩及全国各个

1919年5月4日,北京大学学生游行队伍向天安门进发

阶层和领域的爱国运动,是中国人民反对帝国主义、封建主义的一次彻底的、伟大的革命运动和思想解放运动,它标志着我国从旧民主主义革命走向新民主主义革命。

五四运动爆发后,北洋军阀政府派出军警控制事态,逮捕了三十二名学生代表,分别是熊天祉、梁彬文、李良骥、牟振飞、梁颖文、曹永、陈声树、郝祖龄、杨振声、萧济时、邱彬、江绍原、孙德中、何作霖、鲁其昌、易克嶷、许德珩、潘淑、林公顿、易敬泉、向大光、陈宏勋、薛荣周、赵永刚、杨荃骏、唐英国、王德润、初铭音、李更新、董绍舒、刘国干、张德。

在这支英勇而浩大的游行队伍里,硬气的台州人的身影赫然立于其中。陈宏勋(后改名茫民)、牟振飞(又作正非)、孙德中(又作德忠)、周炳琳、王恭睦、牟谟、项士襄、沈敦五等数十名台州籍学生参加集会和游行。其中,陈宏勋、牟振飞、孙德中等三人被捕,临海学子项士襄被打伤。

武力并不能熄灭青年人燃起的爱国热忱和抗争之火。黎明前的黑暗无处不在,但冲破这黑暗的力量势不可挡。项士襄很快用"快邮代电"把北京爆发五四运动、遭到北洋军阀镇压的来龙去脉传给了时任临海县立图书馆馆长兼省立第六中学(简称"六中")、回浦学校两校教员的哥哥项士元。

5月12日,项士元接到消息后,立即在"六中"和回浦学校进行传达,两校师生的愤慨瞬间被激起,决定在台州开展声援北京学生

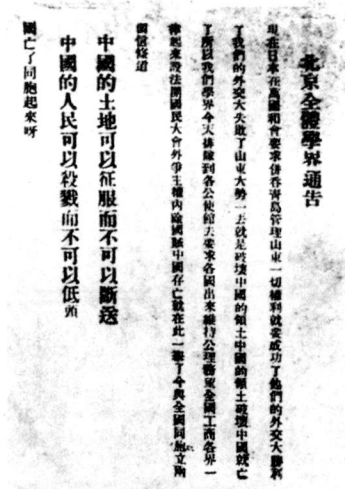

寄到台州的《北京全体学界通告》

的运动。当日下午,这两所学校即各组织一个班的学生罢课,走上街头游行示威,高呼"外争国权,内惩国贼""废除二十一条""抵制日货""还我山东"等口号,声援北京。随后,两校全体师生以及省立第六师范(简称"六师")、台属女师等校的师生也都揭竿

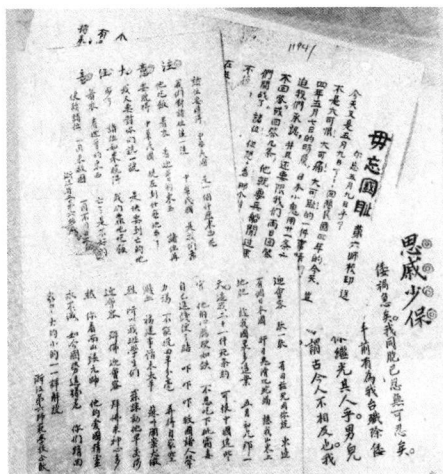

省立第六师范学校印发的传单

而起,加入声援队伍。在学生的影响下,临海全县各界奋起响应,继而扩大到周边各县。"五四风雷"迅速响彻台州。

临海的学生运动奔腾澎湃,引起社会各阶层的热烈反响,并很快在浙江省内受到广泛关注,得到各界人士的支持。临海一时成

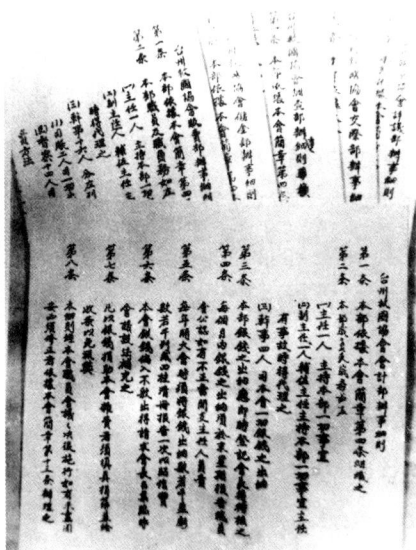

台州救国协会各部办事细则

为全省反帝爱国运动的焦点。5月27日,浙江各县代表一千余人云集临海,召开全省国民代表大会,通过了"抵制日货""召回留日学生""南北宜速统一"等几项决议。次日,以"六中""六师"的师生为主,联合台州六县各界青年四千余人,在临海公众运动场召开台州救国协会成立大会,公推项士元为临时主席。

党史回眸

项士元

6月19日,台州救国协会正式选举项士元为协会会长。在项士元的带领下,台州救国协会推动各界群众积极行动,开展了轰轰烈烈的反帝爱国宣传活动。此外,临海商界成立临海商会,配合救国协会开展抵制日货,提倡国货运动,商店、铺面纷纷摒弃日货,上架国货;临海学界组织爱国新剧团,在城关的东岳庙、城隍庙等场所演出"文明戏",新颖活泼的表演形式很快被老百姓所接受,宣传效果也比预想得要更好;"六中""六师"的学生与救国协会会员联合,组建化装演讲团,疾呼爱国救国,改良风俗。台州救国协会还创

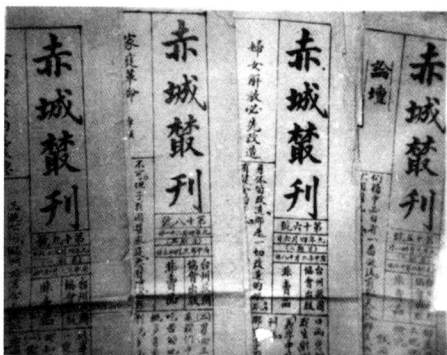

台州救国协会所编《赤城丛刊》

办了《救国旬刊》(后改为《赤城丛刊》),宣传爱国理论,提高民众觉悟,并多次举行焚毁日货大会,将没收来的日本布料,制成印着"毋忘国耻 抵制日货"字样的衣服分送给贫民,实现了救助与宣传的目的。

要冲破黑暗,就免不了要遭到磕碰与阻碍。1920年7月,因遭到不法奸商的诬告与陷害,项士元被勒令"停止教职,永不叙用",一切教务被取消。朱永昌(朱洗)、蒋桑(蒋径三)、赵任、许杰等十名进步学生也被借故开除了学籍。艰难情势之下,台州救国协会被迫解散。

然而,五四运动的火焰点燃了临海青年反帝爱国的革命热情,

冲破了陬隅之地的封建藩篱,也唤醒了黎民百姓保家卫国的思想觉悟。在临海的革命遭到打压的情况下,许多有志青年开始把目光投向远方,想方设法外出求学,学习新思想、开拓新征程,不断寻求救国救民新道路。他们中的许多人,后来都在革命历史上绽放了属于临海的光芒。

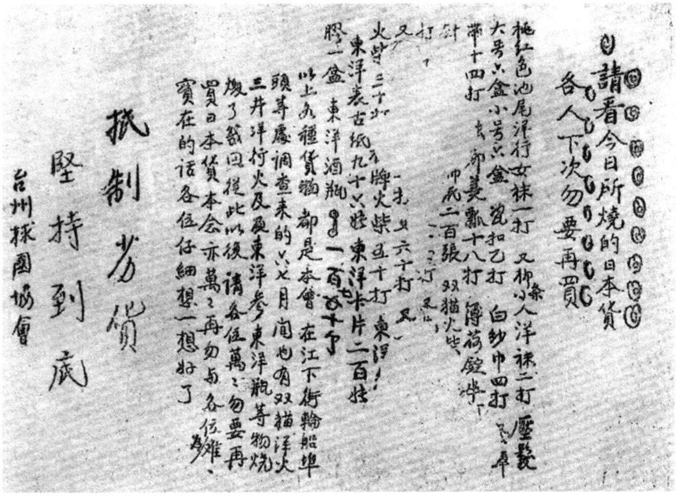

台州救国协会印发的传单

1921年7月,从上海到嘉兴,南湖上的红船见证了中国共产党的诞生,中国革命扬帆起航,全国各地进步人士寻找革命真理和探索革命道路自此有了正确的方向。星星之火,可以燎原。希望的火种传递到了临海。1924年3月,诸暨人宣侠父在位于海门葭沚(原属临海,今属椒江)的浙江省立甲种水产学校,创建台州第一个中国共产党组织——中共海门小组,隶属杭州支部。从此,中国共产党在台州领导革命的历程迈上新的台阶。同年,杭州私立美术学校的临海籍女学生吴先清加入中国共产党,成为临海第一个共产党员。

党史回眸

自古英雄出少年

五四运动后,临海的思想解放运动更加如火如荼,新文化发展蓬勃向上,以在校学生为主的进步青年群体,怀着对民主与科学的崇敬与向往,掀起了一股学习新思想、发展新文化的热潮。

1920年1月21日,由临海青年团创办的《青年周刊》发行,创刊号上写明了办刊宗旨:"在精神上要澄清青年的头脑,改进社会的道德;在形式上要借用国语的文学,输入新思想。"这样的导向,在今天看来,仍然具有非常重要的参考意义。同时,创刊号还发表了《日本图谋中国之野心》一文,明确告诫民众,日本是中国最危险的敌人!号召民众要保持高度警惕,做好战斗准备,只有这样才能做到知己知彼,有备无患。

《回浦潮》报头

在《青年周刊》的影响下,一批心系家国、关心社会的青年知识分子,相继开始创办刊物、发表文章。抗日的思潮,在临海这座海滨小城越涌越高。1920年4月3日,由私立回浦学

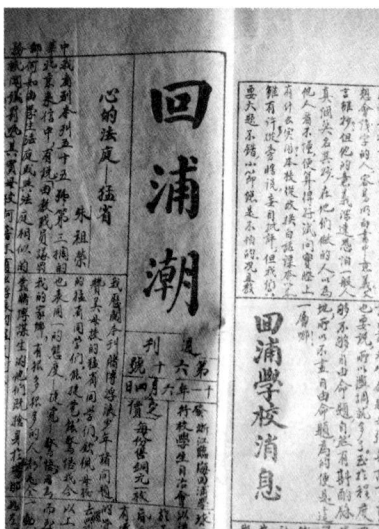

校编印的白话文校刊《回浦潮》创刊。同年夏天,台州救国协会刊发的《赤城丛刊》改为《赤城旬刊》,主张摒弃"子曰""之乎者也"这些普通百姓不易读懂的文言文体,改用通俗语言,通过生动比喻、形象描述,向广大群众宣传新文化,灌输新思想,介绍新科学。这些刊物,除了发表爱国文章,还提出"乡里改革""教育改革""家庭革命""妇女解放""废除旧礼教"等,号召移风易俗,启迪民智,鼓励民众去追求新生活、新世界。

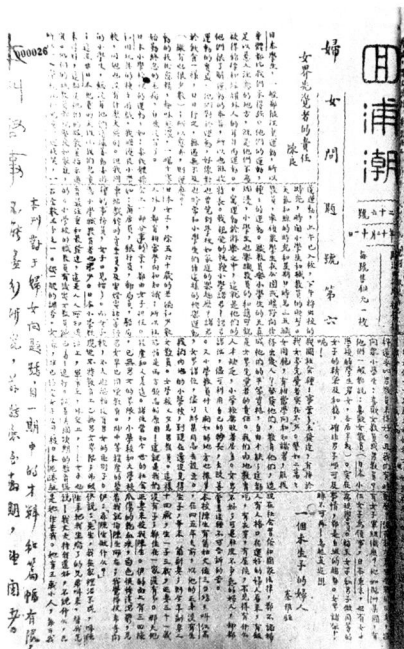

《回浦潮·妇女问题专号》

　　大量新思潮涌现、诸多学说流派争鸣斗胜的形势下,马克思主义随着新文化运动的发展得到广泛传播。经历五四运动洗礼的进步青年们有了新的觉醒,逐渐被具有高度科学性和革命性的马克思主义所吸引。一批在南京、上海、杭州等地求学的临海学子接触到马克思主义后,通过写信介绍、发表文章、寄送书刊、回乡宣传等方式,将马克思主义的革命思想和进步理论传回家乡。思想的力量是无形且巨大的,马克思主义在临海的传播,迅速提升了临海先进分子的觉悟与见识,具有初步共产主义思想的知识分子开始成长起来。

　　1924年前后,在上海、南京等地求学的临海籍进步青年林炯、李敬永、陈韶奏、崔士俊、张伯炘、林迪生等人先后加入社会主义青年

团。怎样在家乡开展反帝反封建的爱国宣传,将时代的新思想传递到临海,是这些热血青年在通信中最常提到的事情。经过一段时间的思考与讨论,最后他们得出了一致结论,决定建立一个读书社,来帮助和带领家乡的群众建立信仰,寻找光明。

1925年1月,时任共青团(社会主义青年团于是月改名为中国共产主义青年团)南京地委宣传委员的林炯专程赶到上海,与李敬永、陈韶奏等人在上海大厦大学的芝兰室商议成立革命组织读书社事宜,并草拟了读书社的章程,商讨社团宗旨及社旗样式。同年暑假,林炯、李敬永、陈韶奏、陈学西等人回到临海,在回浦学校先成立了一个临时性的群团组织——消夏社,利用学生放假的机会,举办补习班和平民夜校,为学生补习功课,宣传新文化、新思想,联络群众感情,消夏社成为当时临海宣传科学社会主义最具规模、最活跃的群团组织,其宣传工作得到群众的热烈反响,收到很好的效果,也为筹建读书社打下良好的基础。

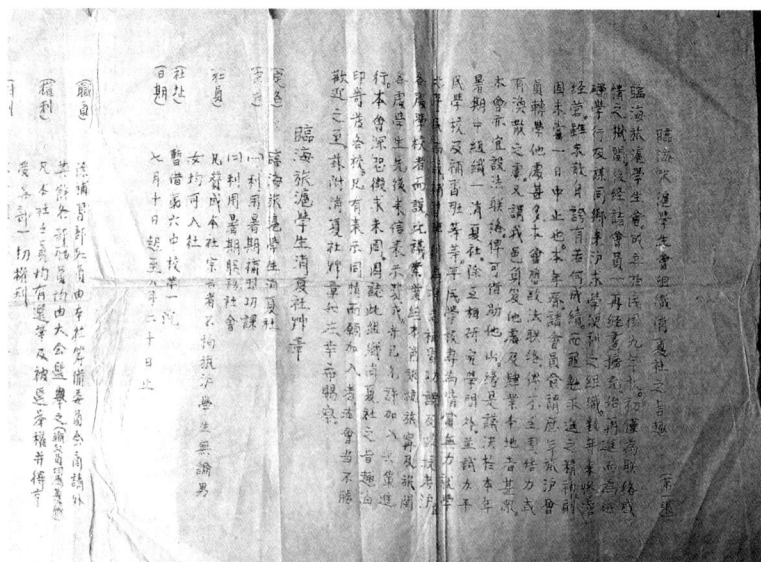

临海旅沪学生消夏社草章

1925年9月14日，读书社成立大会在敬一小学召开，因当年干支纪年为乙丑年，遂定名为乙丑读书社。大会通过了读书社章程，确定以"努力读书、改造社会"为宗旨，以红、青、白三色旗帜为社旗（红色象征革命，青色代表青年，白色代表心底洁白）。大会民主选举林炯、陈学西、陈韶奏、李敬永、林迪生、张伯炘、卢经武、蒋益谦等二十二人为读书社常委。紧接着，三天后召开的常委会议决定，读书社组织机构仿照党团组织形式，下设工运、农运、妇运、青运四个部，在有三名以上社员的学校、单位设立支部，三个支部以上的设立区委。会议还明确了吸收社员的条件：品行端正，学习努力，有上进心，有革命性。入社青年必须填写社员登记表，还要有两名介绍人，经支部讨论同意后，再报上一级批准。会议还决定，支部每周要召开一次会议，

乙丑读书社社址——临海城关敬一小学

学习指定阅读书刊，汇报学习心得。

乙丑读书社成立后，有计划地组织社员学习革命理论，宣传马克思主义，并严格规定了读书范围。当时，国内出版的进步书刊大多集中在北京、上海等大城市发售，在临海难以获取。为了解决这一困难，读书社在敬一小学开办了图书馆，社员们自愿出资出力，通过各种渠道，多方寻找进步书刊，充实图书馆。当时的中共中央机关刊物《向导》、共青团中央机关刊物《中国青年》等刊物，都是读书

社规定的社员必读刊物,并要求社员在每周一次的生活会上交流读书心得。

乙丑读书社常委合影照

在组织社员阅读进步书刊,积极投身社会实践的同时,由读书社领导的台州旅沪学会和临海旅沪学会也在上海分别出版进步刊

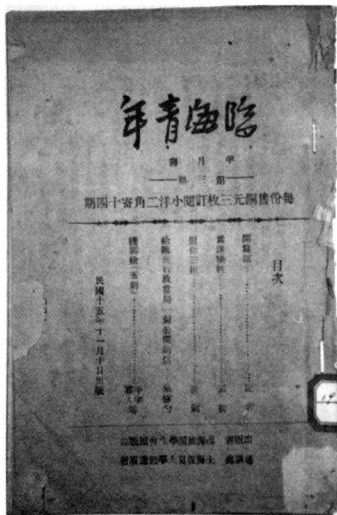

乙丑读书社刊物《临海青年》

物《新台州》和《临海青年》,建立宣传舆论阵地,旗帜鲜明地拥护中国共产党的主张,提倡新文化,宣传马克思主义,唤起民众意识觉醒。1926年5月,《临海青年》发表了张白坚(张伯炘)的文章《对五月的感想》,提出"反对帝国主义,反对卖国贼与强权高压",号召青年们要"观察大势,认清目的,联络农工,消除意见,力谋合作"。文章引起热烈的反响。

所有的改革与创新,系之于民众才是根本与基础。为唤醒民众,读书社以举办平民夜校的形式,在工农群众中开展了持续两年的识字活动。教课者联系革命形势,讲解识字课本,向民众传播新思想,进行爱国主义启蒙教育,切实推动了青年学生运动与工农群众的结合。社员徐明清还联合同学在大田溪边举办妇女识字班,动员妇女反封建,提倡妇女平等,宣传革命道理。

乙丑读书社的图书

　　乙丑读书社的创立是临海青年逐渐摸索出来的一条既唤醒民众又提高自身的道路。它积极宣传进步思想,使马克思主义在台州的影响逐步扩大,最多时社员人数达两百多人,发展到宁海、天台、黄岩等地,它推动了台州革命形势的发展,为临海党组织的建立做了思想和组织上的准备。

党史回眸

繁霜尽是心头血

1926年11月,就读于上海大学的临海籍共产党员张崇文,受党组织指派,回到家乡临海,开展党组织发展工作。此外,上海震旦大学学生、临海籍共产党员张伯炘也根据学校党组织的安排回到临海,广州中山大学学生、临海籍共产党员陈赓平也因学校提前放假而返回临海。

中共临海特别支部成立地

三位年轻的共产党员由于共同的信念与身份，很快就联系到了一起，经过一段时间的酝酿与策划，于回乡次月在张崇文的岳父杨哲商（辛亥革命时期牺牲）家中，简单而庄严地召开会议，成立了中共临海县特别支部，张崇文任支部书记，张伯炘、陈赓平任支部委员。中共临海县特别支部在组织上受中共上海区委领导。这是浙江地区在上海中共组织的指导下最早建立的十三个中共组织之一。特支的建立，使临海人民革命斗争有了领导核心，标志着临海的革命斗争进入了一个新阶段。

　　中共临海县特别支部分析了当时临海的社会政治状况和各种思潮的影响，肯定了乙丑读书社在传播马克思主义、启迪民众觉悟等方面作出的努力和取得的成绩，并决定将读书社作为党组织活动场所，利用读书社中的党团员骨干、积极分子开展工作，把发展党员、加强农民运动和进步青年的组织建设作为工作重点。在特支成立的当月，就把参加平民夜校学习并且表现积极上进的各行业工人列为党员发展对象。通过考察，首先发展了肥皂厂工人朱月升、理发工人施玉镯、工人许仲仁等三人入党。

　　特支还把乙丑读书社中的共青团员组织起来，成立了共青团临海县委员会，卢经武任书记，李慧卿、张淑清任委员。团县委成立后，首先考虑的是加强组织建设，把发展重点放在了具有一定基础的中等学校，先后在"六中""六师""女师"和振华中学等学校建立了团支部，在学生中发展了一批团员。

浙江省立第六中学旧貌

党史回眸

临海农民协会旗帜

此外,卢经武、林迪生还按照组织指示,在沿海的垒下桥一带发动农民,成立了临海第一个农民协会,推行减租政策,开展农民运动。而张崇文则根据组织安排,将工作重心放在了工人群体中。他积极开展工人运动,发展工会会员。工人运动很快见效,县总工会应运而生,会址设在狮子桥(即今府前街北端)。总工会下设木匠、泥水、裁缝、理发等十四个同业工会,会员有三千多人。总工会在特支的指导下,发现并培养了一批优秀工人积极分子,并在其中择优发展党员,很快建立了木匠支部和理发支部,促进了工会组织和工人运动的发展。

县总工会旧址——狮子桥

为加强组织建设,1927年2月,中国国民党浙江省党部中共党团书记宣中华指派在杭州《民国日报》担任编辑的共产党员戴邦定到临海,担任中共临海县特别支部书记,张崇文、陈韶奏任委员。戴邦定同时接任浙江省立第六中学校长职务,并聘请了秦龙、张槐生、李圣悦、卢经武、陈韶奏等一批共产党员和进步知识分子到学校任教,有计划地在进步师生中发展党员,分别建立了教师党支部、学生党支部,教师支部书记由戴邦定兼任,学生支部书记由王观澜担任。在党组织的指导、影响下,"六中"的进步活动活跃,师生中积极要求上进的越来越多。

中共临海县特别支部在临海进行党的建设工作的同时,还负责指导台州其他县党组织工作,成为台州各县党组织的领导核心。中共临海县特别支部的活动,在台州党史上有着至关重要的地位和影响。

1927年4月12日,国民党新右派在上海发动反对国民党左派和共产党的武装政变,大肆屠杀共产党员、国民党左派及革命群众。这就是历史上著名的"四一二"反革命政变。

"四一二"政变后,白色恐怖很快弥漫到临海。五月,临海国民党右派势力王亚平、何兆瑞、陈启忠等人查封了设在城关节孝桥的乙丑读书社,社内所有书籍、课桌等被洗劫一空,三名社员被逮捕。月底,国民党浙江省政府撤掉了戴邦定的"六中"校长职务,并下令通缉。不久,位于城关小龙须的乙丑读书社社员宿舍被查封,多名社员被捕。紧接着,国民党在临海实施"清党"。6月16日,临海城关实行戒严,国民党军警全部出动,对"六中""六师""六师附小"和振华中学,以及位于周形巷的乙丑读书社骨干宿舍分别进行包围搜捕,八名社员被逮捕,两名社员被抄家。国民党县政府还到处张贴悬赏,捉拿共产党。一时间,临海城内阴霾密布,反革命势力气焰嚣张,共产党在革命道路上遭遇了重大挫折。

读书社社员宿舍所在地——小龙须

在这次残酷的大搜捕中，先后有三十多名共产党员和进步青年被捕，经过党组织多方营救，大部分被保释出狱。但仍有八位同志被押解至杭州，关入浙江陆军监狱，后经在共青团浙江省委工作的陈韶奏等人的全力营救，这些同志才得以脱险。

尽管白色恐怖笼罩在每个人的心头，但即使在这样艰苦的情况下，临海的共产党员、共青团员和大部分乙丑读书社社员并没有被白色恐怖吓倒而退缩，相反，越是在艰难环境下，革命斗争精神越是坚定不移。大家转入隐蔽斗争或易地进行革命活动。中共临海县特别支部书记戴邦定冒着被通缉的风险，秘密组织召开党团紧急会议，决定武装反抗。他转入临海南乡及黄岩西乡的农村，继续领导特支工作，并以办民校为掩护，向当地群众宣传革命精神，灌输革命道理，坚持隐蔽斗争。"六中"简师部学生党支部书记王观澜自己脱险后，为了营救同志，又冒险折返，将共产党员李圣悦转移到大田石门岙自己姐姐家隐蔽。后又伺机潜回城内，利用人脉关系，到狱中探望被捕的同学，鼓励他们坚持斗争。共青团员徐明清、包玉珍在大搜捕中机智脱身，共产党员林迪生等人在隐蔽家乡东洋期间，也不忘传播进步思想。

誓继公志回澜狂

　　1927年9月,原中共临海县特别支部委员张伯炘受中共浙江省委指派,回到临海组建县委,继续指导台州党的工作。

　　张伯炘回到临海的当晚,就与隐蔽下来的戴邦定取得了联系,接替了戴邦定的工作,同时联络了隐蔽下来的朱月升、叶宝鉴、胡文光等人,经过筹划,于当月在城区邓巷张伯炘家中召开会议,建立了中共临海县委,隶属中共浙江省委领导。张伯炘任县委书记,朱月

中共临海县委成立地——邓巷

升、叶宝鉴、胡文光、梅其彬为委员。

中共临海县委的建立,是临海的共产党人在国民党反动派猖獗镇压下,顽强不屈、坚持斗争的集中体现,标志着临海的党组织建设迈入全新的阶段。

中共临海县委建立后,根据临海形势发展的实际情况,决定把发展党员、建立基层组织的重点由学校转向工农群众,同时重视周边县的组织发展工作。至当年12月,城区建立了区委,下设木匠、下桥、工人三个支部,乡村有城西区委及东乡三个区委,共产党员发展达到三百多人。中共临海县委还肩负指导帮助台州部分县党的工作,临海县委指派王保钧到黄岩,发展了林泗斋等三名积极分子入党,并建立中共黄岩支部,由林泗斋担任书记,隶属临海县委领导。为加速仙居的建党工作,临海县委安排"六中"学生、仙居籍党员王焕忠回家乡建立组织,发展党员,发动农民开展斗争,随后又派李霞、何明、林迪生等人去仙居指导工作,并建立中共仙居县中心支

仙居第一个党组织诞生地旧址——城关杨柳巷

部,隶属临海县委领导。县委还安排胡文光、叶宝鉴到农村去发展团员,扩大团组织影响力,着重共青团和工会的建设与发展;安排梅其彬、章宏明等回到家乡宁海帮助恢复党团活动。在扩大党组织的同时,中共临海县委与反动当局展开了针锋相对的反抗斗争,组织学生运动和工人运动,提高了党组织在学生和工人群众中的威信,扩大了党的影响,进一步完善并促进了党的建设。

　　1927年12月,中共临海县委在黄坦乡上宅村召开了党团活动分子会议,传达中央"八七"会议精神。然而,一个偏僻的小山村突然出现一群穿长衫的读书人,很快就引起了人们的注意。会议期间,当地头面人物派人前来打探。情况的变化引起县委领导的警觉,原定三天的会议不得不缩短至一天,会上只传达不讨论,县委委员后续分区开展工作。黄坦会议的时间虽短,却及时地传达了消息,达到了目的,大家知道了大革命失败的主要原因,明确了今后行动的

黄岩第一个党组织成立地——城内公园假山

黄坦会议旧址

总方针——实行土地革命和武装反抗国民党反动派。为避免损失，黄坦会议后不久，张伯炘就离开了临海。县委书记一职由卢经武接任。

1928年3月24日，中共浙江省委关于台属六县工作的决议案指出："省委扩大会议认定浙江党的工作之前途，而且认定在浙南、浙西在短期间，应该发动农民和工人的斗争，由农民的游击战争、乡村暴动达到割据的前途。"中共临海县委根据省委的指示，积极支持和配合宁海县委发动的亭旁暴动。3月，中共浙江省委调卢经武到宁海县任县委委员兼团县委书记，调临海县委委员杨大才到亭旁负责军事工作，调叶宝鉴到亭旁区任团委书记。4月，临海县委书记由陈江德接任。5月，陈江德因病离职，中共浙南特派员调天台的袁佐文到临海任县委书记。8月，袁佐文调离，临海县委由朱月升负责。11月，朱月升被捕，不久，梅其彬等县委委员在海门被捕，致使县委遭到严重破坏，不少支部停止活动。

1929年4月，中共中央召集浙江省委及各重要地域的负责人，在上海举行浙江会议，决定暂时取消省委，加紧直达地方的巡视工作，将浙江划分为杭州、宁波、温州、台州、湖州、兰溪等六个中心县委，直属中央。全省各县的党组织，分别由这些中心县委就近负责联系和指导。5月，中共中央浙东巡视员到台州巡视，指定曹珍为台州中心县委书记，负责筹建中心县委班子。7月，台州党的活动分子会议在临海召开，采取指定方式，组建了以曹珍(石瑞芳)为书记的台州中心县委，决定临海县的工作由台州中心县委兼管。1930年6月，成立中共浙南特委，直属中央领导，下属温州、台州两个中心县委。8月，为贯彻中共中央政治局上海会议"新的革命高潮与一省或几省的首先胜利"的决议，苏浙皖三省联席会议决定，将党、团、工会合并，把浙南特委改为浙南总行动委员会。由此，台州中心县委改称临海行动委员会，曹珍任行委主任。9月，行委撤销，恢复台州中心

台州临时中心县委办公联络点朱渭滨家

党史回眸

县委,仍由曹珍任书记。11月,曹珍调任浙南特委工作,浙南特委指定蓝尘侣(金国祥)任台州中心县委书记。1931年4月,台州中心县委改为临海临时中心县委,县委设在委员朱渭滨在大石姚宅的家中。

由于当时白色恐怖严重,党领导的武装斗争多次受挫,许多基层党组织遭破坏,5月,临海临时中心县委缩小为临海中心区委,书记由朱渭滨担任,驻地海门。7月,蓝尘侣在海门被捕,朱渭滨、杨敬燮分别转移隐蔽到大石、桐峙等山区,继续领导革命活动。9月,台州中心县委在临海大田庄头文化小学重建,陈育中为书记,朱渭滨、杨敬燮为委员。其间,陈育中去上海,意图与上海党组织接上关系,未果。在折返时留杭州任职,后因叛徒出卖被捕。11月,杨敬燮在东乡一次战斗中负重伤后牺牲。朱渭滨遭国民党临海当局通缉转入隐蔽斗争。至此,台州中心县委解体。

庄头村

在严峻的形势下,仍有一些坚强的同志继续高举革命的旗帜,利用不同形式坚持斗争。朱渭滨遭通缉后转入广营、溪路一带以教书或算命为掩护,继续宣传革命道理,发动群众斗争。徐明清、林迪生于1932年在东洋晓村小学任教期间开展党的秘密活动,他们把教师组织起来,成立了新教育研究会,积极推行陶行知教育法,提倡学生走向社会,积极宣传抗日救国道理。

晓村小学校舍遗存

敢教日月换新天

1937年7月,卢沟桥事变后,国共两党第二次合作,建立了抗日民族统一战线。8月24日,此前被国民党判处无期徒刑的临海籍中共党员张崇文,从杭州的浙江陆军监狱释放出来,立即参加了中共浙江省临时工作委员会的组建工作,并任宣传部部长。11月,张崇文受省临工委指派回到临海,联络了坚持地下工作的共产党员,建立了中共临海县临时工作委员会,张崇文任书记。

1938年2月,为推动临海抗日救亡运动,在中共临海县临工委的建议下,临海县抗敌后援会改称为临海县各界抗日自卫委员会(简称抗委会),成为全县动员民众抗战的权力机关。3月8日,张崇文被选为抗委会训练委员会常务委员。中共临海组织以合法的地位,帮助国民党县政府开办了临海县抗日干部训练班。是月,章伯恩奉国民党浙江省主席黄绍竑之命,来临海参与筹建临海县战时政治工作队(简称政工队)。经过报考招收,录取了四十二名队员,大多数是临海抗日干部训练班学员,这些人大部分是共产党员、共青团员或进步青年。4月15日,县政工队正式成立,国民党县长於树峦兼任队长。政工队名义上是国民党县政府下的工作机构,由县长兼任队长,实际上是国共合作的产物,也是国共合作的工作机构。

5月,中共临海县临时工作委员会改为中共临海县工作委员

政工队员慰问出征军人家属

会。为了加强党对县政工队的思想政治工作领导,县工委指派周震东参加县政工队,任干事长,并在队内建立了党支部,周震东兼支部书记。当时,县政工队的中层职务大部分由共产党员担任,县政工队成了中共组织活动的主要阵地和台属党组织的联络点。在党的领导下,从县政工队建立至1940年7月的两年多时间,为临海的抗日救亡运动做了不少工作。

7月,中共临海县委成立,周震东任书记。这时期,县委把建立和巩固抗日民族统一战线作为党的中心任务,在发动广大青年群众参加各种抗日救亡团体,开展抗日救亡的活动中,吸收了大批优秀青年入党。同时,县委非常重视知识分子的作用,鼓励他们创办刊物,组织剧团,进行抗日宣传。在抗战时期,临海(含海门)组建了剧团(社)五个,出版刊物十三种,开办书店一家。

1939年初，国民党召开五届五中全会，确定"溶共、防共、限共、反共"的反动方针。在临海，国民党顽固势力也加快了"反共"步伐。原为发动民众团结抗日的政工队，被改造成为"反共"的工具。中共临海县委为免遭损失，有计划地把共产党员和进步青年从政工队里撤离出来。

1940年5月，中共台属特委书记刘清扬和特委宣传部部长林尧在黄岩被捕。经多方努力，加上在林尧身上实在找不到什么证据，黄岩警察局只好同意其亲友将他保释。刘清扬自报姓名"王以德"，说自己是商人，也没有暴露真实身份。但他身上所带的文件是中共浙江省委和台属特委的文件，是"异党"证据，不能轻易交保。加上根据他身上搜到的笔记本中记载的几个通讯地址，破获了几处共产党的联络点，黄岩警察局将他列为要犯，严加看管，准备将他上解省政府处置。林尧被保释后，向组织上汇报刘清扬被捕和关押的情况。黄岩警察局的地下党员也送出情报，说对刘清扬看守严密，无法接近，黄岩警察局准备将刘清扬押解临海，再从临海押解到国民党省政府驻地永康方岩。台属特委接到情报后，决定营救刘清扬，并将营救任务交给了中共临海县委。台

1940年5月15日，中共台属特委书记刘清扬被捕。在押解上省途经临海大石上陈横时，被临海县委组织党员营救回来。图为当时参加营救的（左起）孙高禄、梁老五、陈祖义在当年的营救地合影

属特委和临海县委两级负责同志专程到大石岩坑村,召开北区区委、岩坑、仙人等村党组织负责人会议,讨论营救方案,组织营救力量。6月8日,刘清扬由两个警察押解到天台与临海交界处的上陈横附近时,被成功营救。

1940年下半年,形势不断恶化,中共临海党组织的活动逐渐转向隐蔽。为了适应形势的变化,中共临海县委把工作重心转向农村,同时在几个重要地点建立了联络点,及时掌握情况,继续领导和发动民众开展抗日救亡运动。

中共临海县委活动点——北固山嘉祐寺遗址

1941年1月,为便于中共台属特委机关的隐蔽,中共浙江省委把李乐山、王梦之夫妇从金华调来台属特委,分别任宣传部部长和妇女部部长,以生孩子为由,在临海岭根乡王梦之家中建立台属特委机关落脚点,秘密开展工作。

11月,为适应斗争形势的需要,按上级指示,撤销临海县委,建

台属特委联络点——王梦之故居内景

立特派员、联络员制。县委书记杨炎宾调任三门特派员,吴瑛任临海县特派员。特委机关岭根落脚点撤销。

1942年7月,杨炎宾、吴瑛等人在三门海游被捕入狱。接任临海特派员的杨干,组织了鲁冰等人积极进行营救。同时,台属总特派员刘清扬指示狱中同志,要保存力量,在不破坏党组织的前提下,尽快办理自首手续,争取早日出狱,以便参加新的斗争。经过多方努力,大多数同志陆续出狱。

1942年秋,中共华中局决定,台属地区党的组织划归浙东区党委领导。华中局还指示:台属党员骨干除个别工作需要留在台属外,其余全部撤至浙东根据地另行分配工作。为了保证转移同志的沿途安全,台属特委指派临海籍党员陆汉贤在奉化尚畈建立一个秘密联络站,与"三东"工委设在龙潭的联络站配合,负责撤离台属干部和转送上级的重要文件。从10月起,临海党组织的主要干部和暴露身份的党员陆续撤到四明山。

奉化尚田畈交通站旧址

　　1947年1月,经中共中央批准,浙东党的工作划归中共中央上海分局领导。上海分局在上海召开浙东工作会议(即上海会议),决定争取有利时机,由消极的隐蔽保存力量转为积极发动敌后游击战争,组建游击队,以军事手段打开局面,改变不利的环境。会议还决定把台属地区作为浙东游击战争的中心点、出发点和立足点,建立中共台属工作委员会,以加强领导。浙东工委书记刘清扬直接领导和帮助台属工委开展工作,调嵊(县)新(昌)奉(化)特派员邵明任台属工委书记,原台属地区联络员许少春任副书记,调浙东军事干部张任伟帮助台属工委抓武装斗争。

　　1947年1月底,浙东工委和台属工委负责人在宁海县岔路乡白岭根村召开会议(史称梅花村会议),传达了上海会议的精神,总结

党史回眸

了浙东过去的工作,决定台属党组织的工作以临海为中心,放手发动群众,建立和发展武装,逐步创建游击根据地。会议还决定建立中共临海中心县委,邵明兼书记,许少春兼副书记。会议一结束,刘清扬就到临海大石,组建起一支二十多人的武装工作队。邵明、许少春等也先后到大石,3月上旬他们在徐下坑村金德标家召开了中共临海中心县委第一次会议,研究发展武装、开展武装斗争等问题。会议决定建立大石、双港两个区委。邵明兼大石区委书记;许少春兼双港区委书记。这两个区的主要任务是恢复发展党组织,发动群众开展武装斗争,并与土著武装结成统一战线。

梅花村会议旧址

武工队活动,引起了国民党地方当局的注意,多方探听消息,妄图消灭刚建立不久的我党武装。武工队刚建立不久,人数不多,武器弹药缺乏,战斗力不强,遂决定暂时转移到双港地区。然而,在反动当局的穷追猛打之下,县委和武工队几次转移,仍有不少同志被逮捕,党组织遭到破坏。临海中心县委从建立到8月下旬停止活动,虽然只坚持了几个月时间，没有在大石、双港站住脚，但在这两个地区播下了革命种子，也为台属主力武装铁流部队培养了一批武装骨干。

1947年10月下旬，邵明率武工队在三门南田配合当地周象银部，顺利地收缴了国民党南田区署的枪支，正式成立台属工委直接领导的武装部队——铁流部队。

1948年4月，邵明率铁流部队进入括苍山，于4月7日在黄岩圣堂村与浙南括苍支队第二中队会合。圣堂会师表明连接浙东与浙南的走廊已经打通。

随着解放战争形势的迅猛发展，中共浙东临时工作委员会决定向台属等地区发展，扩大浙东根据地。浙东临委书记顾德欢和参谋长张任伟率第三支队的"机动"部队到达宁海县的平溪村，与台属铁流部队会合。8月20日，两支部队合编为浙东人民解放军第四支队，支队长刘发清，政委邵明。27日，部队进驻临海大石的岭下金、梅家村一带。第二天，国民党部队就开始"进剿"大石四支队的驻地。四支队得悉情报后，为了不被包围，保存武装实力，遂决定边打边转

大田双庙芝冠庵

移。31日,四支队在大田双庙巧妙诱敌深入,经过两个多小时的激战,大获全胜。

双庙伏击战的胜利威震台州,打击了台州国民党的嚣张气焰,使浙东人民解放军第四支队在台州立住了脚跟,打开了台属地区武装斗争的新局面,也为台属工委的后方供给开通了安全通道。

9月初,中共临(海)三(门)工作委员会成立,陈波涛任书记。10月又成立了政权组织——临三办事处(即浙东第一行政督察专员公署第六办事处),梅法烈为主任。党组织在临海西部连接临海、天台、仙居边界的大雷山区打开工作局面,组建了临天仙办事处,管辖临海县的双港地区及与天台、仙居接壤部分地区,王阿法任主任。

1949年2月,三门县解放。3月,中共台属工委为更快地推进临海的工作,决定撤销临三办事处,建立临海办事处(后改称临东办事处),并将台属工委机关的警卫队"小飞虎"部队划给办事处,以增强办事处的武装力量。

1948年冬,在地下党员的积极努力下,成功策反国民党临海县

南北干部会师地——邵家渡大路章村

长汪振国。1949年5月28日晚,汪振国和国民党台州保安独立团团长楼光明部不谋而合,决定于5月29日凌晨1时联合起义。汪振国自卫队负责解决"台州反共救国团",楼光明独立团负责解决"忠义救国军司令部"。29日上午8时,国民党武装力量被尽数解除,临海实现和平解放。

6月12日,南下干部纵队部六大队在邵家渡与临东办事处及自卫队会师,宣布建立中共临海县委,同时宣布成立大石、大田、涌泉、双港、筱溪、杜桥六个区委。6月17日,临海县人民政府成立,同时建立六个区公所。

临海从此进入一个新的历史时期。

党史回眸

革命先驱

一寸丹心图报国

1984年6月，国家安全部《关于吴先清革命历史的调查情况》的报告中写道："吴先清参加我党后，为我党和共产国际从事情报工作，在艰苦的革命斗争中，为革命事业作出了贡献，是一名忠诚的共产党员。"

彼时，距吴先清牺牲已过去了四十七年，这份时隔近半个世纪的"昭雪书"，给吴先清的一生下了一个清白的定论。声名之事，对于已经逝去的生命来说，或许已经没有什么现实作用了，但它所蕴含的意义，不仅是肯定了这个人付出努力的价值，告慰英灵，抚慰亲友，亦是昭告社会，正义不会被埋没，微弱之光也能照亮社会。

1904年（光绪三十年），清王朝大厦将倾，反帝反封建民主革命形势日益成熟。与这一年里许多被载入史册

吴先清

革命先驱

039

的大事件相比,浙江临海一户吴姓人家得了个女儿这样的小事,似乎转头就会被遗忘。然而对于这个新生女婴来说,她传奇又坎坷的一生才刚刚拉开序幕。这个女婴,就是吴先清。

吴先清的父亲吴义夫、母亲王桂英在城里经营着一家糕饼店,生意不错,产业颇丰。吴先清排行第二,上有一个哥哥,下有四个弟弟,她是家中唯一的女孩,因此备受宠爱。父母守旧,原要她缠足、做女红,但吴先清不肯受束缚,不但拒绝了这些旧糟粕,还坚决要求与兄弟一起上学。经不住她的软泡硬磨,父母最终无奈答应了她的要求,将她送入台属联立女子师范学校附属小学念书。1917年,十三岁的吴先清以优异的成绩毕业。次年春天,她跟着哥哥吴全清到了杭州,考入浙江省立女子蚕业讲习所(简称"蚕校")。

1919年,以学生斗争为先导的五四爱国运动爆发。杭州多所学校的爱国学生纷纷响应。吴先清是"蚕校"最早的响应者及学生活动的组织者。5月12日,杭州十四所中等以上学校学生三千余人,齐聚湖滨开大会,会后举行示威游行。吴先清不顾校方阻拦,率领同学冲出校门,加入游行队伍。

在五四运动中,浙江省立第一师范学校(简称一师)成为浙江宣传新文化新思想的中心。同年秋,"一师"校长经亨颐提出"与时俱进、全面发展"的办学方针,传播新思想,继续实行教学改革,遭到军阀政府和社会封建守旧势力的压迫和攻击。1920年2月,军阀政府免去经亨颐校长职务。3月22日,反动当局下令解散"一师"。29日,反动当局出动军警包围"一师",要强行遣送学生回家。在杭州市学生联合会的统一领导下,吴先清组织"蚕校"同学,与杭州女子职业学校的学生一起充作先导,冲进"一师"参与斗争,直至当局收回成命、撤走军警为止。

在斗争的实践中,吴先清得到了锻炼和启迪。但她的爱国行动,却在事后遭到了"处罚",校方以"不守校规"为由,罚她留校饲养春、夏两季蚕,延迟毕业。然而,吴先清并未因此而放弃革命,相反,她变得更加坚定,四处演讲,发动学生运动。

1920年夏天,吴先清在"蚕校"毕业,考入了哥哥吴全清任教的杭州私立美术学校,学习绘画。翌年秋,她在西湖写生时,意外地结识了杭州学生运动的领导人之一宣中华。那天,她正在西子湖畔描山绘水,发现身后有人久久伫立不去,出于警觉,她故意将蘸满颜料的画笔往后一甩,只听后面"哎哟"一声,她回头一看,发现竟是浙江省暨杭州市学联会执行部理事长宣中华。他们曾在学生运动中有过接触。吴先清十分难为情,赶紧站起来道歉。正是这一甩,甩出了两个年轻人之间的一段情缘。

宣中华是诸暨人,当时他已经从"一师"毕业,凭着优异的成绩,被聘为一师附小教员。吴先清在宣中华的带领下,经常参加进步活动,对革命有了更深刻的认识。1924年,吴先清加入中国共产党。随着密切的交往,两颗有着共同理想信念的心也越走越近,同年下半年,吴先清与宣中华结为伉俪。

两人婚后不久,吴先清即转上

宣中华

海工作,在杨树浦一带从事工人运动和妇女运动。她善于沉着应对险境,曾因发传单被反动当局逮捕,却能机智脱险。当时,吴先清与宣中华的生活条件极为艰难,他们住在上海闸北联盛里,家里只有一件棉衣,一个外出了,另一个只好坐在被窝里等着。即使在孕期,她的生活也没能得到改善,还坚持天天外出工作。这样艰苦的境

革命先驱

地,也没有动摇吴先清的革命意志,由于她的出色表现,中共上海区委于1925年8月,指定吴先清等五人为中共上海区委妇女委员会委员。

1925年冬天,还在坐月子的吴先清接到了前往莫斯科东方劳动者共产主义大学(简称东方大学)学习的任务。尽管有不舍,为了革命事业,她还是毅然踏上了去往苏联的征程。彼时,她与宣中华的女儿出生才十二天,令人痛心的是,吴先清走后,这个生不逢时的小婴儿未满月便夭折了。

东方劳动者共产主义大学旧址(现俄罗斯科学院哲学所大门)

在东方大学中国班学习的两年,吴先清勤奋苦学,克服语言障碍,注重理论与实践的结合,在学业上进步很快,马列主义理论水平有了很大的提高。在校期间,她还负责青年团的宣传工作,由于她为人热情,工作负责,与人相处融洽,得到了旅莫支部的高度赞扬。

1925年,林木顺、谢雪红、吴先清等人合影(后排右一林木顺,前排右二谢雪红、右四吴先清)

然而,"四一二"反革命政变发生后,从国内传来了宣中华牺牲的噩耗。悲痛使得吴先清一时不能自持,但她很快清醒过来,将悲痛转化为对敌人的恨意,她必须坚强,更加发奋学习,誓要为死难者报仇。

1927年下半年,吴先清与同学阚尊民(即刘鼎)结婚。次年,吴先清生下第二个孩子,1929年孩子还未满周岁,她和阚尊民就接到了回国的命令。考虑到路途危险,且夫妇二人都无暇照料孩子,她只得忍痛将孩子寄养在苏联的保育院里。在回国途中,恰遇"中东路事变",吴先清等人滞留伯力,在此期间,她曾担任伯力俱乐部主任,在开展文娱活动、宣传苏联民族政策、团结外国友人方面做了不少工作,也初步展现了她善于交际和侦察情报的能力。

1930年春，吴先清秘密化装，经大连、天津回到了上海，在中共江苏省委的领导下，深入浦东地区开展妇女工作。不久，吴先清被调到中央特科，正式开始了隐蔽战线的特殊战斗。其实，中央特科已经观察吴先清一段时间了。吴先清不仅容貌秀丽，机敏灵活，更重要的是胆大心细，遇事沉着冷静。这正符合特工尤其是女特工的要求。而且，阚尊民当时就是中央特科二科的副科长，既是夫妻，又是同事，工作起来就更加便利和默契了。她利用家乡特产蜜橘，在街口开了一家水果店，为秘密工作作掩护。阚尊民负责以无线电与各方联络，吴先清负责收藏文件，传送情报。

吴先清也确实很有做特工的天赋，她出入名流社会时，举手投足间俨然一位出身名门的贵妇；去到工农群体中时，她又能一身粗衣，素面朝天，和大家打成一片。总之，需要她是什么身份，她就能变成什么身份。吴先清调入中央特科不久，被关押在浙江陆军监狱的弟弟吴全源得到国民党上海市党部委员、国民党社会调查处专员陈宝骅的担保而获释，陈宝骅还保荐其担任《新生命》月刊的总务主任。吴先清马上想到可以利用这层关系来开展工作，在征得科长陈赓同意后，他们巧妙地把秘密联络站设在了该刊发行处的楼上。反动当局怎么也没想到，他们想要抓捕的对象就在眼皮子底下。吴先清通过陈宝骅，结交了上海国民党的一些重要人物，获得了许多内部秘密和重要情报。她甚至设计为部队弄到了一批军火，可惜由于国民党对黄浦江的严密封锁，接应船只未能靠岸而转移失败。其间也有过危险时刻，都被吴先清的机智灵活一一化解，可以说，吴先清在革命斗争中找到了合适且擅长的岗位。

1931年10月，阚尊民因身份暴露被捕。吴先清回家时，还未走到家门口，立即察觉到了周围的异样，她当机立断，装成过路的行人，大步流星地走了过去，才得以脱险。

阚尊民被捕后,中央随即派潘汉年接任副科长一职,并要求吴先清想办法与阚尊民取得联络,设法营救。当时阚尊民已经被转移到了南京监狱。吴先清想到了她的嫂子孙儒珍。孙儒珍毕业于北京女子师范学校,认识不少在保定军校读书的同乡,这些同乡如今大都在国民党内部担任高官。吴先清便说服孙儒珍,请她到南京去联络这些要员,帮助营救阚尊民。

姑嫂二人来到南京,首先拜访了国民党首都警察厅督察处长李进德,在李进德的安排下,吴先清在狱中见到了奄奄一息的阚尊民。此后,吴先清又几次拜访李进德,并在李进德的引荐下,找到了时任国民党中将师长周至柔。周至柔是临海东塍人,吴先清的哥哥吴全清曾当过他的机要文书,所以周至柔与吴先清姑嫂俩是熟悉的,也清楚吴先清是共产党员。不过,也许是念在同乡之谊,也许是佩服吴先清一个女流之辈的胆色,两人见面时,周至柔还调侃大笑道"绿寇婆来了"。吴先清一方面利用这些关系,一方面巧妙地向阚尊民传达组织的指示,使阚尊民在1932年秋得以保释。

白色恐怖笼罩之下,特工工作格外危险,除了反动派的抓捕,还要警惕叛徒的出卖,吴先清等红色特工都上了敌人的抓捕名单。她数次遭遇险情,幸而凭着沉着、敏捷逃脱。1932年冬天,怀有身孕的吴先清与阚尊民商量,打算等孩子出生后送回阚尊民老家四川南溪,请阚尊民父母抚养。为此,夫妇二人在春节前一起回了趟四川。没想到,春节还没过完,在当地警察局工作的亲戚就来报信,说有人告密阚家藏着共产党,警察局正在布置抓捕。吴先清与阚尊民只好连夜翻墙逃离,乘船回到了上海,藏身于爱国民主人士吴觉农家中,后在吴家生下儿子阚文木。

1933年春天,在吴觉农的掩护下,阚尊民化装成商人,出发去了苏区。谁知一别就是一生,他们再也没有见面。不久,由于吴先清

革命先驱

在情报工作上的优秀表现，中央将她调到共产国际远东情报局，任谍报组长。不得已，她又将刚出生一个月的儿子送到了临海老家，请母亲抚养。这个孩子在临海长到四岁，由爷爷接回了四川老家。

由于工作需要，吴先清每天都要以贵妇的身份，大摇大摆地进出一些国民党高官的家中，与高官的太太们混在一起。她不仅陪太太们打麻将、逛商店，有时候为了获取进一步的情报，也会和那些官员接触密切。她为革命，闯过了无数风雨，作出了多少牺牲，但由于情报工作的特殊性，即便在一次又一次听到别人明嘲暗讽她的话，她也只能选择沉默。对她而言，名誉损害与获取情报相比，简直微不足道，完成组织交给的任务，才是硬道理。

其间，吴先清受指派前往日本东京与谍报人员陈修良接头。对于不懂日语的她来说，这是一份艰巨且危险的任务，但为了完成任务，她还是毅然赶赴东京，并想方设法联系上了陈修良。1935年5月，吴先清所在组织的负责人被叛徒出卖，在上海被捕。事件牵连到了吴先清及一些在日本工作的同志。中央不得不迅速将吴先清撤回国内。6月，吴先清回到上海，但此时的上海也是风声鹤唳，敌人到处在搜捕有关人员，中央决定派吴先清去莫斯科。在莫斯科，吴先清以"罗莎·拉库洛夫"的名字在马列学院学习。次年，完成学业后，吴先清和其他一些同学暂住在一家招待所里，等待中央安排她回国。这次留苏，吴先清竟找到了当初留在保育院的儿子刘莫阳，孩子已经长到八岁，吴先清又欣喜又愧疚，将孩子接到身边同住了一段时间。

1937年，苏联的肃反运动规模进一步扩大，吴先清因曾有赴日从事谍报工作的经历，被以日本间谍名义逮捕。在狱中，审讯者以车轮战对被捕的共产党人进行审讯。所谓审讯，不过是企图摧毁受审者的精神与意志，无论怎样辩解，只要不承认罪行，审讯者就可以不顾任何事实，不需任何证据，就将人秘密处决。吴先清也没有逃过这样的噩运，她没有想到，十月革命的故乡苏联，竟成为她为革命蒙冤的葬身之地。三十四岁的吴先清，就这样结束了她短暂的一生。

多年后，吴先清的儿子阚文木在写给他人的信中说道："在我的记忆里，我很怀念她，妈妈，我很想她。从小到大，直到今天，我看到别人妈妈，我都很不是滋味。记得我在四川上学时胃病痛得非常厉害……一个十二三岁的孩子，住在学校的学生宿舍里，有谁来照料，想要有妈妈该多好，多幸福。"

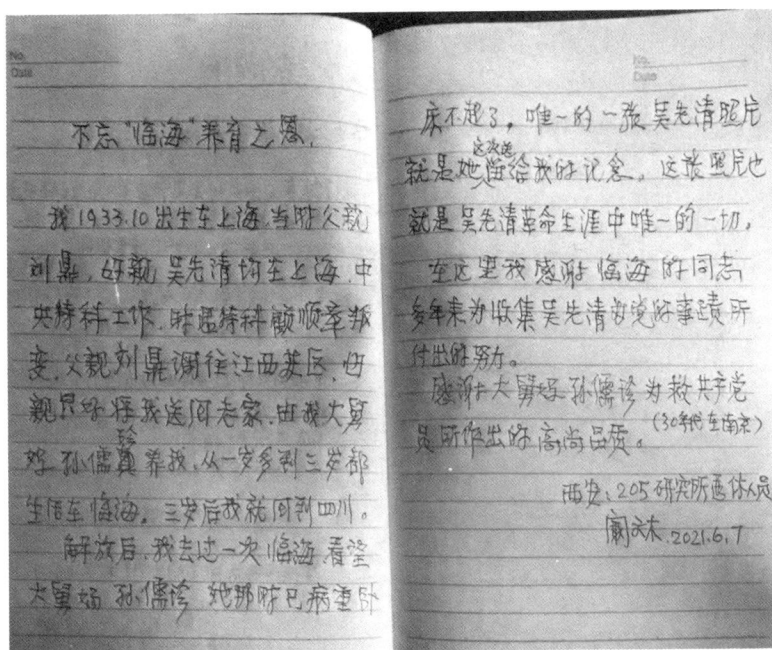

吴先清儿子阚文木的手信

有人说，在一个阶级推翻另一个阶级的进程中，女性的参与，构成了共产主义钢铁意志之间柔韧的连接，使革命具有了某种特殊的、柔和的美感。在战争年代，无数像吴先清这样隐秘而伟大的女性,为了革命理想,肩扛民族苦难,付出了身体、感情、家庭,乃至人格尊严。她们的存在,使革命有了更多的感动与温暖。

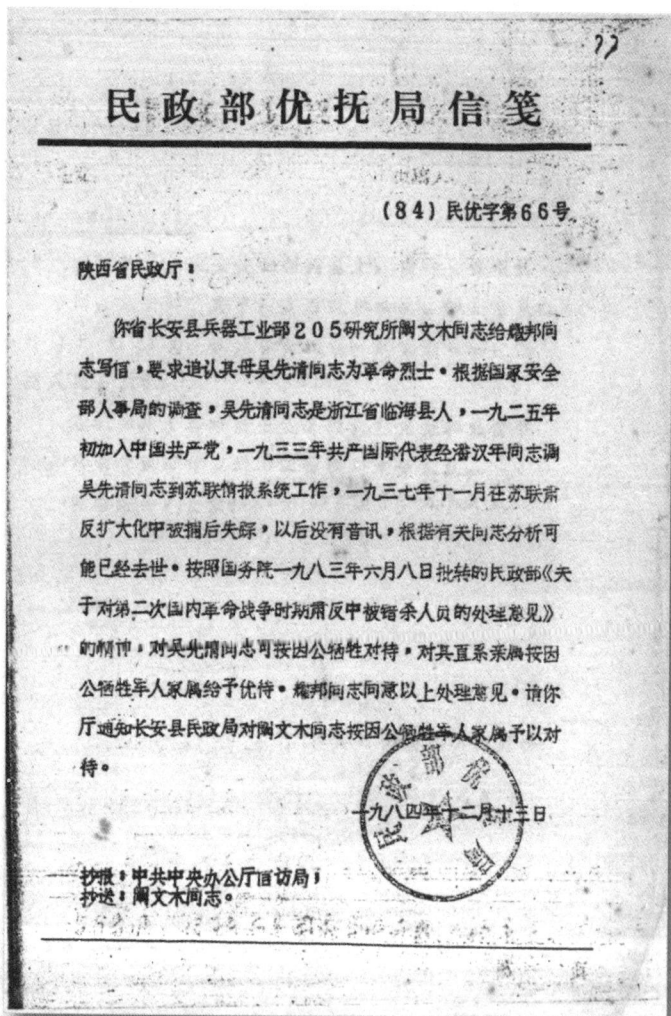

民政部优抚局信笺

(84)民优字第66号

陕西省民政厅:

你省长安县兵器工业部205研究所阚文木同志给魏邦同志写信,要求追认其母吴先清同志为革命烈士。根据国家安全部人事局的调查,吴先清同志是浙江省临海县人,一九二五年初加入中国共产党,一九三三年共产国际代表经潘汉年同志调吴先清同志到苏联情报系统工作,一九三七年十一月往苏联肃反扩大化中被捕后失踪,以后没有音讯,根据有关同志分析可能已经去世。按照国务院一九八三年六月八日批转的民政部《关于对第二次国内革命战争时期肃反中被错杀人员的处理意见》的精神,对吴先清同志可按因公牺牲对待,对其直系亲属按因公牺牲军人家属给予优待。魏邦同志同意以上处理意见。请你厅通知长安县民政局对阚文木同志按因公牺牲军人家属予以对待。

一九八四年十二月十三日

抄报:中共中央办公厅信访局。
抄送:阚文木同志。

民政部优抚局关于阚文木的信致陕西省民政厅的函

定远何须生入关

　　临海城西的宝上乔村，是个隐匿在山间的小村庄，自山脚蜿蜒而上的公路到这里就是尽头，四面青山环绕，溪流穿村而过，往深处走是农田、果园，十足一个世外桃源般的清净之地。这个仅两百多户人家的村子，却几乎户户都出大学生。不过若是问起谁家的孩子最有出息，得到的答案是统一的，林giǒng。城西腔调至今仍保留着临海方言古老的发音，把声母 j 念成 g，他们说的是林炯。林炯是这个村子里的第一个大学生，还是留学生。

　　林炯，族谱上记名是元炯（"元"为林氏辈分），字电岩，出生于1900年，庚子年。民间认为庚子年必有坎，这一年确实发生了许多被载入史册的大事，最大莫过于八国联军侵华造成"庚子国难"，国家丧失多项主权，完全沦为半殖民地半封建社会，给中华民族带来了空前沉痛的灾难。谁也不会想到，林家这个"小细佬"，

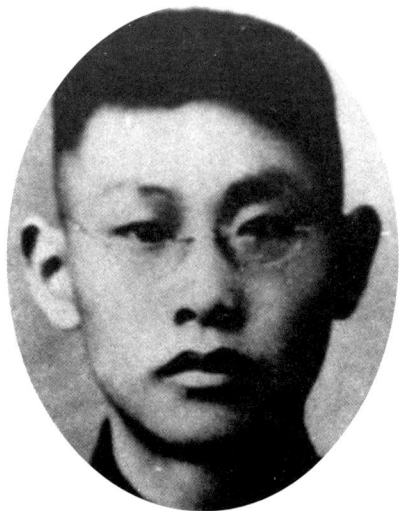

林　炯

有一天会成为临海革命斗争的领袖人物之一,最终更是为国捐躯。这样壮烈的事情,对于离京城千里之远的闭塞山村的村民来说,是难以想象的。

林父应该是个开明的人,虽然家境并不宽裕,还是把林炯送进了当地的立本小学(今括苍镇中心校前身,据林氏亲属介绍,回浦校志载林炯曾就读于小学部有误,林炯应是在该校交流并发表演讲)。1916年9月,林炯考入浙江省立第六中学(今台州中学),三年级时,因反对学校行政人员贪污舞弊而被开除。被开除后,林炯并未放弃学习,个性倔强好强的他坚持自学,随即于1919年9月考入上海澄衷蒙学堂。这所与林炯同年"诞生"的学校由清末企业家叶澄衷创办,蔡元培曾任校长,其经典教材《澄衷蒙学堂字课图说》被誉为"百年语文第一书"。

在上海读书期间,林炯接触到了大量的新思想、新文化,尤其是在五四运动后,他开始阅读《新青年》等进步书刊,研究马列主

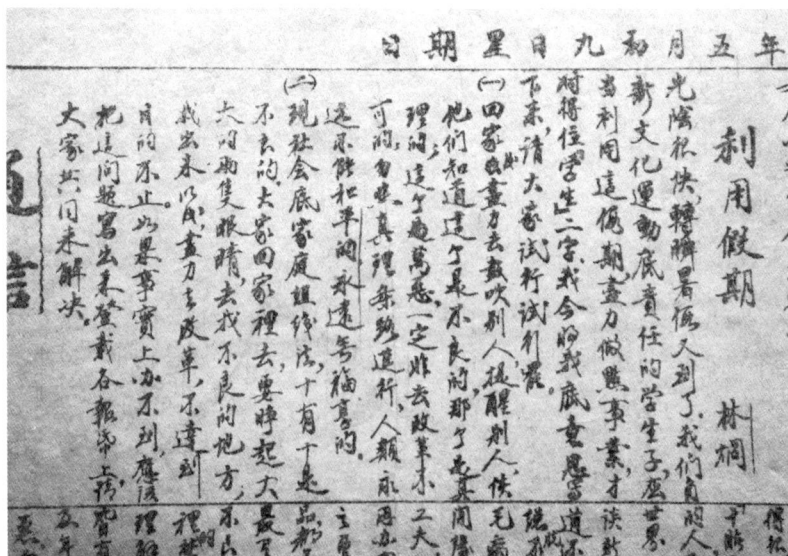

林炯的信——《利用假期》

义。1922年暑假,林炯给家乡的同学写了一封题为《利用假期》的信,这封信刊登在回浦学校的《回浦潮》第60号上,他在信的开头这样写道:"光阴很快,转眼暑假又到了,我们负新文化运动底(的)责任的学生子,应当利用这假期,尽力做点事业,才对得住'学生'二字。"8月15日,临海发生水灾,他又在《回浦潮》发表文章《大水的原因和补救的办法》,通过与百姓日常生活紧密相关的事件来宣传革命。

9月,林炯考入南京河海工程专门学校。在南京求学期间,他结识了志同道合的同乡陈韶奏、蒋益谦等人,组成临海同乡会,经常聚在一起,发表各自思想,探讨中国革命。1923年,他加入中国社会主义青年团,1925年,任青年团南京地委宣传委员兼非基委员,并任训练委员会委员、第四级团组织成员。

这年春,林炯赴上海,与临海在沪求学的同学一起,于上海大厦大学的芝兰室,酝酿成立读书社事宜,并草拟了读书社社章,提出了读书社宗旨和社旗样式。暑假,回到临海的林炯与上海、南京等地返乡的同学一起,成立了消夏社。给家乡的学生补课,传播新文化、新思想。9月,他们在敬一小学召开大会,正式成立了乙丑读书社,以"努力读书,改造社会"为宗旨,红青白三色社旗飘扬在临海街头。

乙丑读书社除了倡导努力读书,传播进步思想,还举办平民夜校,为群众"扫盲",将从外面带回的许多进步书刊,如《共产党宣言》《中国青年》《向导》等广泛向家乡进步青年与知识分子进行宣讲传播,在临海掀起了一股读书救国、寻求真理的热潮。短短数月,就有四十多名青年加入读书社。社员最多时发展到两百多人,影响遍及台州,成为当时台州影响最大的革命团体。读书社成员中相当一部分人后来都走出临海,为革命作出了贡献和牺牲。可以说,乙丑读

革命先驱

书社是培养临海革命青年的摇篮,也为日后临海县级党组织的建立奠定了思想基础和组织基础。

1925年10月,林炯转为中共党员,并被选为南京代表,受命去往莫斯科学习,就读于中山大学第一班(英语班),同班同学中有张闻天(洛甫)、沈泽民等。留苏的两年大学生涯中,林炯刻苦学习的同时,积极参加反对托洛茨基主义的斗争。他明辨是非,坚持原则,与中共旅莫支部中"左"倾机会主义的代表王明之流进行了毫不妥协的斗争。

1927年下半年,林炯毕业回国抵达上海,在中共中央上海局担任翻译,同时还兼任与东方各国共产党的联系工作,继而负责主编《中国工人通讯》。他精通英、俄两国语言,大部分译文和专电都需他翻译和起草,工作十分繁忙,常常废寝忘食,夜以继日,但他始终保持着旺盛的工作热情,为革命作出的每一分努力都使他感到无限振奋。在这段时期,他与瞿秋白、杨之华夫妇过从甚密,结下了深厚的友谊。

1931年7月,因越南同志在上海法租界的住所遭到破坏,同在一座楼里的林炯与弟弟以及同为共产党员的堂弟被包围,他掩护弟弟和堂弟撤离后,自己未能逃脱而被捕。敌人对他进行了惨无人道的审讯,但他咬死了牙关,未吐露任何秘密,使法租界捕房未能获得任何证据。党组织得知林炯被捕,进行了积极的营救。但这次狱中受审的经历,给林炯的身体造成了严重的伤害。据当时一个在上海打工的族亲回忆,他在林炯获释后曾去探望,才知道林炯在狱中先是遭遇了坐老虎凳、插竹签等刑罚,因他坚不开口,最后被多次施以电刑,导致身体无法直立行走,出狱后一段时间,他要靠着板凳辅助才能走路。

经过一段时间的休养后,1932年春天,中共中央委派林炯赴湘鄂西革命根据地工作,担任省委宣传部部长,同时兼任湘鄂西省列宁学校教师,主讲《财政经济》。在湘鄂西革命根据地工作的半年时间里,为了深入了解各方面情况,他几乎跑遍了整个湘鄂西地区。同年,因红三军第四次反"围剿"失利,林炯来不及随军转移,被围困在敌占区。他历尽艰辛,几经曲折,才得以脱离险境,回到上海。此后,林炯先后在中央组织局和中央上海局组织部工作。在此期间,他写下了近万字的《湘鄂西苏区的一般情形》,上送党中央,既汇报了相关情况,也向党表达了忠诚。

1933年3月,在上海治疗腿伤的陈赓因叛徒出卖而被捕。陈赓的住所是当时中央局的秘密招待所,还住着不少党内同志,一旦遭到围捕,后果不堪设想。林炯得知这一消息,冒着生命危险,立即赶到秘密招待所,通知众人转移。果然,当晚敌人就到招待所进行搜捕,结果人去楼空,一场危难有惊无险地化解了。

是年6月,林炯受中共中央委派,赴哈尔滨任满洲省委宣传部部长。出于工作需要,他化名马良,秘密奔走于东北,在各地相继建立了抗日武装力量。10月,林炯担任满洲省委书记。12月,他代表省委起草了《满洲省委关于冬荒和年关斗争的决议》,明确提出要最大限度地扩大人民革命军、赤色游击队和游击区,要把群众斗争同反日游击战争配合起来。1934年2月4日,在林炯的领导下,满洲省委作出了《关于反对日本强盗"满蒙国"侵略运动和第二期"讨伐"反日游击战争的工作决议》,深刻揭露和强烈抨击了日本侵略者的强盗逻辑,并要求"动员最好的党团员到人民革命军和游击队里"。

地下斗争是残酷的,在"伪满"的阴霾之下,中共满洲省委的工作危机四伏,异常艰难。林炯等人却越战越勇,从未退缩。1933年8月1日是国际反战、反帝、反法西斯的"三反斗争日",他与省委其他同志,联合抗日武装力量,组织了东北境内规模最大的一次反日斗争,破坏了吉敦近两百里铁路线,给日本侵略者沉重的一击。

　　1934年上半年,共青团满洲省委书记和秘书被捕叛变,哈尔滨的党、团组织遭到了严重破坏。为了保护战友的安全,林恫将被日伪通缉的省委秘书长冯仲云等同志调离哈尔滨,自己却坚持留在哈尔滨继续斗争。然而没过多久,在未经过中共中央批准的情况下,推行"左"倾冒险主义、搞派系斗争的王明和康生擅自将林恫调去苏联符拉迪沃斯托克。林恫坚决要求留在东北抗日,他多次给王明、康生去信,强烈表示:"我再一次坚决要求(继续要求到允许为止),立即派我到满洲游击队里去,具体说,到珠河游击队里去。""要求去部队的心思非常迫切和焦急",但他的抗议没能奏效,王明等人罔顾他的抗日意愿,于1935年夏天强行将他调往莫斯科。

　　在莫斯科,林恫被安排在《救国时报》从事编辑工作。但他的心,仍然牵系着东北的抗日情况。他化名王德,撰写了大量宣传东北抗日斗争的文章。他还参与编辑《雪山草地行军记》《由甘肃到山西》等长篇通讯,其中不少篇章都是出自他手。他满怀着炽热,骄傲地向全世界介绍了中国工农红军在艰苦卓绝的环境下,完成二万五千里长征的奇迹,他写道:"在中国史学者尚未发现的地方,或者探险家也未到过的草地,严格地说,在中国地图上尚未列入的地方,而数万北上抗日红军,以冒险的决心,作出惊奇的行动,渡过了草地,冲破了历史的记录。这惊天动地的创举,假如红军没有钢铁一般的政治坚定性,没有顽强不屈的战斗意志,万众一心的团结精神,怎敢进行这种冒险的尝试?!"

　　1937年,在苏联的肃反运动中,林恫怎么也没有想到,身正清白的他会被王明等人按上莫须有的罪名,与其他同样含冤的同志一起被投入苏联塔干卡监狱,而后又被流放至西伯利亚,其间受尽了无休止的刑讯、苦役。扛过了一次又一次磨难的林恫,这次没能幸免,他带着对党的忧虑,对祖国的眷恋,牺牲在寒凉的异国他乡。终年三十八岁。

宝上岙村有一句俚语,说"不担三分险,难练一身胆"。这句话用来形容林炯的革命生涯十分贴切,在他短暂而壮烈的一生里,经过危难,历过冤屈,却始终没有动摇过共产主义信念。命运的旅途中有太多不确定,林炯选择了为革命义无反顾,一如他的名字"炯",因空无阻挡而更加光明。

革命先驱

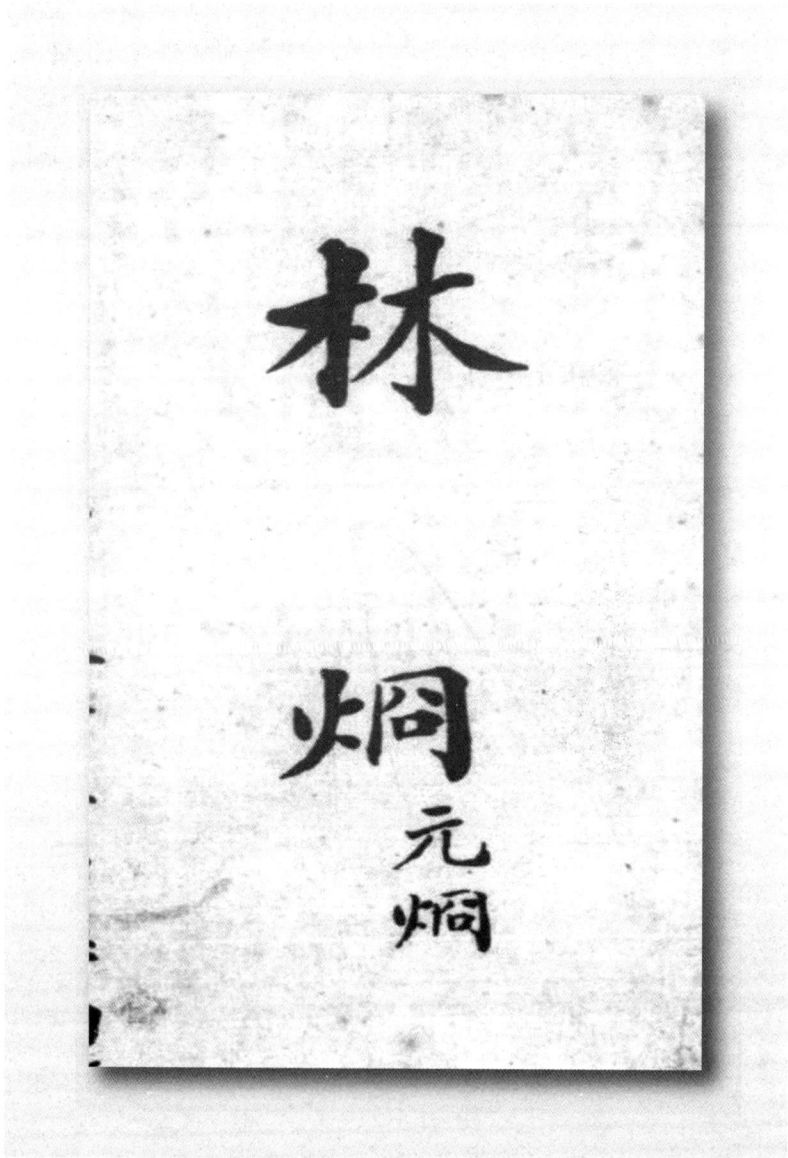

林炯名片

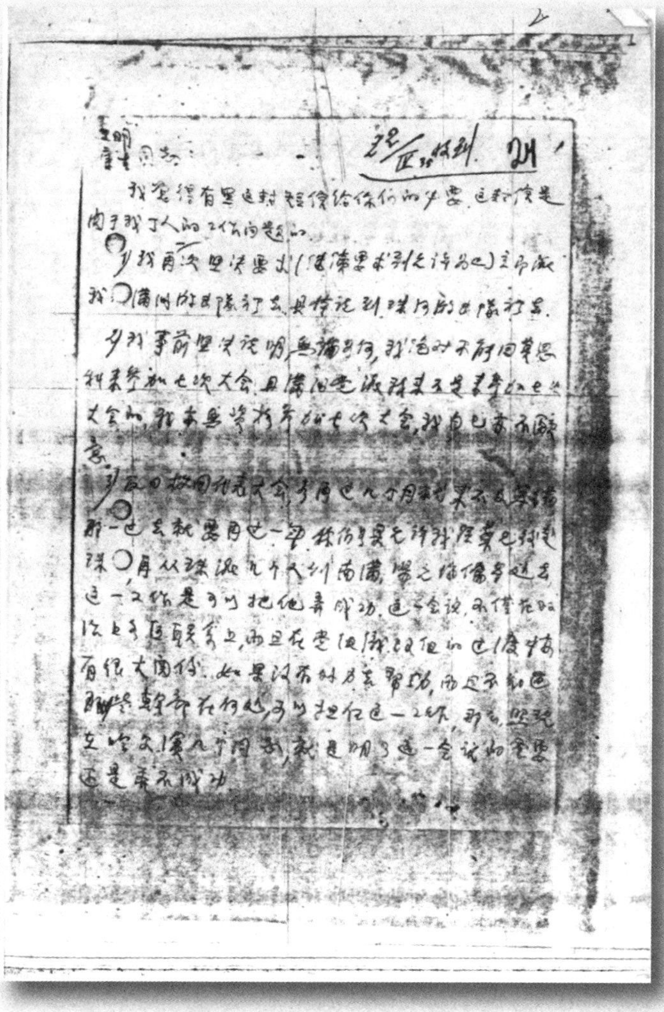

林炯化名王德时的书信(1)

林炯化名王德时的书信（2）

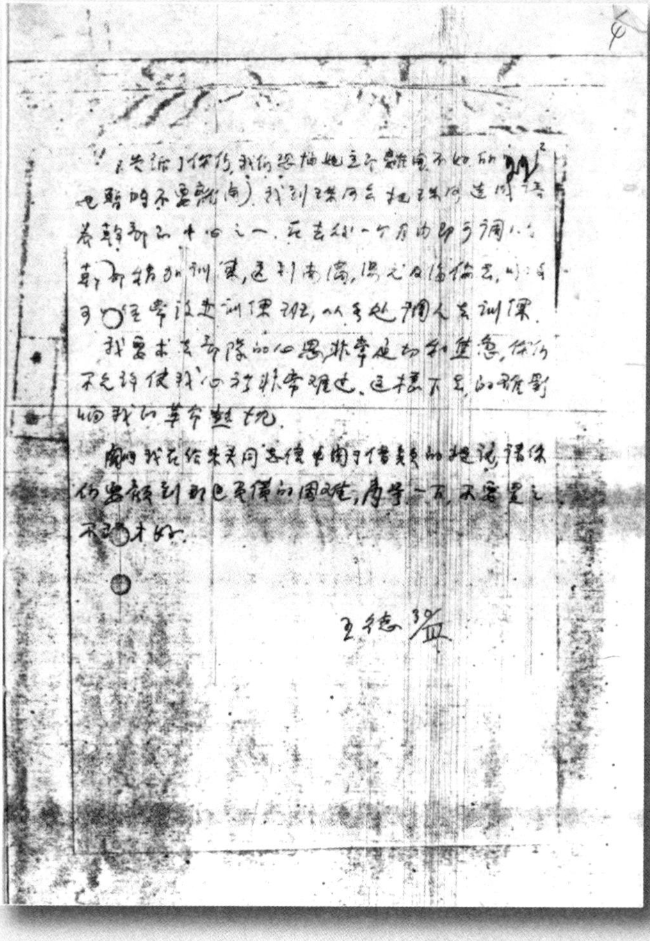

林炯化名王德时的书信（3）

万里耕桑吾道尊

1906年7月，家住临海奉仙坊的王秀卿和徐阿英夫妇得了一个儿子。但喜悦很快就被忧愁所冲淡。王家家境贫困，王秀卿仅以刻字为业，有时兼给附近百姓诊脉用方，靠着微薄的收入维持一家生计。家中已有一儿一女，兵荒马乱的年头，这孩子能否养活都是个未知之数，即便是养活了，恐怕也要过苦日子。

新生命的到来，总归还是给这个家带来了一丝温暖，家里人给孩子取名金水，字克洪。临海紧靠东海，每年夏秋之交都要发洪水，给老百姓生活带来巨大的影响。王家给这个生在泛洪季节的孩子取这样的名字，或许是希望他能克住眼前的洪水，也能克住今后人生里的每一次滔天洪灾。

克洪的童年不出意料地在贫困中度过，父亲王秀卿欠下了不少债，更因一次

王观澜

遭劫后无力偿还债务而受牢狱之灾。母亲只好将克洪寄养在外婆家放牛，后因家中实在无法维生，又回家与母亲一同摆摊，彼时不过七八岁而已。走投无路之时，有人劝说母亲卖儿赎父，母亲不忍，最后变卖了唯一的住房才赎出了父亲。

长到九岁上，眼看着其他孩子都去上学，克洪也渴望着走进学堂。尽管家计艰难，开明的父母还是想尽办法将克洪送入了一家私塾，十四岁时得以转入北山小学堂。他深知机会来之不易，读书很勤奋，成绩一直名列前茅，十六岁以优异的成绩从北山小学堂毕业。学校的徐卧樵和罗望卿两位老师很看好克洪，鼓励他要继续读书。王秀卿夫妇几乎借遍了亲眷邻舍，才凑足了学费，克洪得以升入省立第六师范（1923年8月并入省立第六中学作为六中的简师部）预科学习。为了减轻家中负担，他找到了一份兼职——为《台州日报》抄写稿件，赚取微薄的报酬。同时，他将自己的名字改作观澜。也许是希望自己不仅有克制洪水的能力，更有大浪来袭时，勇立潮头、从容观波澜的气度。在王观澜波折起伏的一生中，他确实养成了这样的气度，并且凭着这份气度，坦然地面对了数次生死和人生坎坷。

在"六中"简师部念书的日子里，王观澜深深地感受到穷苦百姓的艰难，同时，因为学校教员良莠不齐，人事制度黑暗，学阀学棍当道，也使得他对地方劣绅、贪官污吏产生了极大的痛恨。随着革命形势的变化，王观澜受到临海新文化浪潮的影响，思想觉悟有了很大的提高，他开始参加斗争，大搞学生运动，因为出色的领导能力和正直的道德品质，被推选为"六中"简师部学生会主席。他牵头主办了校刊《绿丝》，撰写文章，号召人民起来反帝反军阀官僚，还在城内的紫阳宫和关岳庙组织了四期夜校，教导民众读书识字，同时传播新思想。1925年冬天，王观澜加入了中国共产主义青年团，次年即

革命先驱

任共青团"六中"简师部支部书记。1926年冬,由于表现突出,王观澜转为中共党员,并任"六中"简师部学生党支部书记。

1927年,"四一二"反革命政变发生后,白色恐怖笼罩在台州上空,革命形势急剧下降。王观澜不得不离开学校,转移到石门吞姐姐家中躲避。然而,他意识到,越是在危难之际,越需要有人站出来。他暗中联络了几个同志,先是掩护战友到山村避难,然后自己又潜回城里,组织学生罢课,抗议军警包围,探望被捕的同志,全然不顾自身的危险。

但反动势焰大张,学校等同瘫痪,与宁波地委的联系也断了。困局之下,王观澜决定只身去上海寻找党组织。他怀揣着父母东拼西凑借来的几块钱路费,没有过多的准备,就匆匆上路了。到上海时,身上仅剩六角钱,食宿都成了问题。然而,要在情势同样紧张的上海滩找到党组织并不容易。王观澜在街上来来回回找寻了四天,才遇上了此前的"六中"党员教师李圣悦,接上了党的关系。随后,他被分配到沪东区委从事工人运动。

这年9月,王观澜受党中央指派,去莫斯科学习。他先在东方劳动者共产主义大学军政第七班学习军事,后又转入中国劳动者共产主义大学(简称"中大")继续学习,并担任特别二班的班长。留学生涯也不平静,留莫支部负责人王明当时在"中大"任教,但他的心思根本不在教务上,人搞宗派斗争。王观澜公开反对王明的教条主义和宗派主义,并提出对脱离中国革命实际的教学课程应加以改进。但王明等人不仅没有听取王观澜和同伴们的意见,反而借着苏共反托洛茨基分子运动,在留莫支部展开了整肃运动。

王观澜没有屈服,他积极参与反抗斗争,用实际行动表明了自己的立场。这使王明对这个"眼中钉"极其不满,他多次针对、排挤王观澜,污蔑王观澜是"托派分子"。但由于王观澜出身贫苦,自律自洁，他们拿不到把柄，只好搞警告处分来打压他。这些并没有影响王观澜保持一颗积极的心，他先后在列宁学院、苏联红军总医院学习，奋发向上，自我深造。在他的心里，什么都比不上学习更多的知识，汲取更多的力量，用以报效革命、报效祖国来得更重要。

1930年底，王观澜奉召回到祖国。到上海不久，他就接到了中共中央的指派，由他担任组长，带领王维之、许宏亮，前往江西中央苏区工作。一行三人转经香港，到达闽粤赣苏区后，由于交通受阻，暂时留在中共闽粤赣特委闽西苏维埃政府驻地——福建省永定县虎岗乡，就地参加工作。

王观澜被任命为闽粤赣特委代理宣传部部长，负责主编特委机关报《红旗》，同时担任闽粤赣军区政治部宣传部部长，后又兼组织部部长，被选为军区一级党总支书记。对于有组织宣传经验的王观澜来说，做好《红旗》报的编辑工作并不难。不过，他上任后，并没有埋头编报纸、写文章，而是约上张鼎丞、李明光等人，下到虎岗农村去了解情况。走访过程中，他发现这里的土地问题并没有得到彻底的解决，一些乡村表面上将土地摊分了，但实际的掌控权仍在地主豪绅手中，土地革命名不符实。他立即将这一情况向特委做了汇报。特委十分重视，经研究决定，要帮助农民进一步发动土地革命。考虑到王观澜等人前期已进行调查研究，这件事就交给了他们。

王观澜等人迅速拟定了工作计划，走村入户，发动贫苦农民起来推翻霸权，切实分得土地和财产。由于准备充分，措施得当，这次的土地革命取得了明显的成效。王观澜还采取犁牛合作、劳动互助等措施，帮助分得土地的农民解决农耕物资不充裕，劳动不均等问题，大受农民欢迎，很好地实现了田产保收。后来，他把闽西农村的土地革命斗争情况，在《红旗》报上作了真实而生动的报道，对其他

地区的土地革命斗争起到了良好的示范作用。

后来,由于形势紧张,王观澜跟着部队退出了虎岗。转移途中,他先后任杭武县委书记、汀连县委书记等职。1931年八九月间,随着几次反"围剿"战役的胜利,闽粤赣苏区和江西苏区实现了相连并济。这时,中央局的周以栗来信,要调王观澜等几位同志去中央局工作。在征得省委同意后,王观澜动身赶往江西瑞金。

1931年11月,中华苏维埃第一次全国工农兵代表大会在江西瑞金叶坪乡召开。大会期间,王观澜负责会议的宣传报道工作,"红色中华通讯社"(简称"红中社")应运而生。次月,王观澜受命筹备和主编苏维埃中央政府机关报《红色中华》。《红色中华》成了苏区工作的一大亮点,每当有重要客人来到瑞金,都会去"红中社"参观、座谈。

1932年夏,在王明"左"倾路线影响下,一场所谓的"肃托"斗争在江西中央苏区大肆展开。执行"左"倾路线的一些人以发表不当文章为借口,向王观澜发难,认定他有"托派嫌疑"。在未经公开审查的情况下,王观澜被无故关押。消息传开,云集区九个乡的党支部和广大群众纷纷为他喊冤,要求释放王观澜。迫于舆论压力,王观澜被释放,但他在《红色中华》的职务被悄无声息地撤销了。1933年1月,在"左"派的谋划下,王观澜的党籍被"开除"了。

深知王观澜为人的毛泽东将他留在了中央政府土地部当秘书,并委派他进行"查田运动"试点工作。王观澜经过调查走访,发现叶坪乡的封建势力表面上被打垮,背地里却当起了"农霸"。他马上写了一份调查报告向毛泽东汇报。之后,王观澜按照毛泽东的指示,把叶坪乡查田的试点工作推向深入,总结了叶坪乡查田的经验,起草了怎样划分农村阶级的建议。毛泽东以此为基础,修改文章并定名为《怎样分析阶级》,并表示这篇文章是"和王观澜同志合作写成的"。在查田运动中,王观澜与毛泽东建立了深厚的友谊,他的党籍问题也在毛泽东的关心与坚持下得以恢复,并被任命为中央土地部副部长兼土地委员会委员。也是在这个时期,王观澜对"三农"问题有了更加系统、更加深刻的认识,为他以后在农业岗位上的工作打下了坚实的基础。

1934年10月,由于第五次反"围剿"失利,红军开始长征。王观澜在完成了筹粮任务后,跟随红军先头部队,一起踏上了长征的道路。先头部队到达夹金山后,筹粮任务再一次落到王观澜的身上,部队要穿过千里茫茫的大草地,筹集粮食迫在眉睫。王观澜奉命筹粮,付出了极大的努力。在一次外出筹粮期间,因队伍断粮,他误食病马肉而患痢疾。据王观澜的女儿后来回忆,父亲曾跟她提起过这段经历,他说,痢疾拉得太厉害,根本无法正常行走,走不出多少路就要发作一次,在接近虚脱的情况下,是战友们半抬半扶的帮助下,才赶上了行程。回归大部队后,王观澜为了节约药物给其他的战友,硬是扛了下来,却也因为未及时治疗而落下了病根。

1935年10月,王观澜跟随中央红军到达陕北。瓦窑堡会议后,王观澜受命担任土地部部长和中央农民运动委员会主任。次年兼任土地部和中央工作团两方面的工作。后又调任陕甘宁边区党委副书记兼统战部部长,同时担任中央统战委员会常委。

在统战工作上,王观澜与王明的主张又产生了分歧。王明与康生联合起来,宣称王观澜有"托派嫌疑",不宜担任重要领导职务,更向中央提出要求审查王观澜。毛泽东得知此事后,直截了当地对王明、康生说:"王观澜经过了我亲手十年的考验,这个同志如果不是好同志,我们党内就没有好同志了。"这是王观澜一生中第三次遭受"左"倾主义者的打击迫害。值得庆幸的是,在这场斗争中,王观澜凭着过硬的工作表现和对党绝对忠诚的底气,得到了中央领导和同

革命先驱

志们的有力支持。[①]

　　到达陕北后的几年时间里,王观澜因长征途中患肠胃病埋下了病根,身体一直很虚弱,再加工作繁忙,过度操劳,经常犯病。妻子徐明清屡劝无效,他最终因十二指肠溃疡复发和神经衰弱症住进了延安中央医院。在王观澜住院期间,毛泽东曾徒步走了五六里山路,冒着深秋的寒冷到医院探望,后又专门写了一封信宽慰他要好好养病。这封信给予了王观澜极大的精神力量,使他与疾病进行顽强抗争的信心倍增。信的开头写的"既来之,则安之"这句话,后来更是广为流传,成为许多革命同志在面对疾病时,始终保持坚强、乐

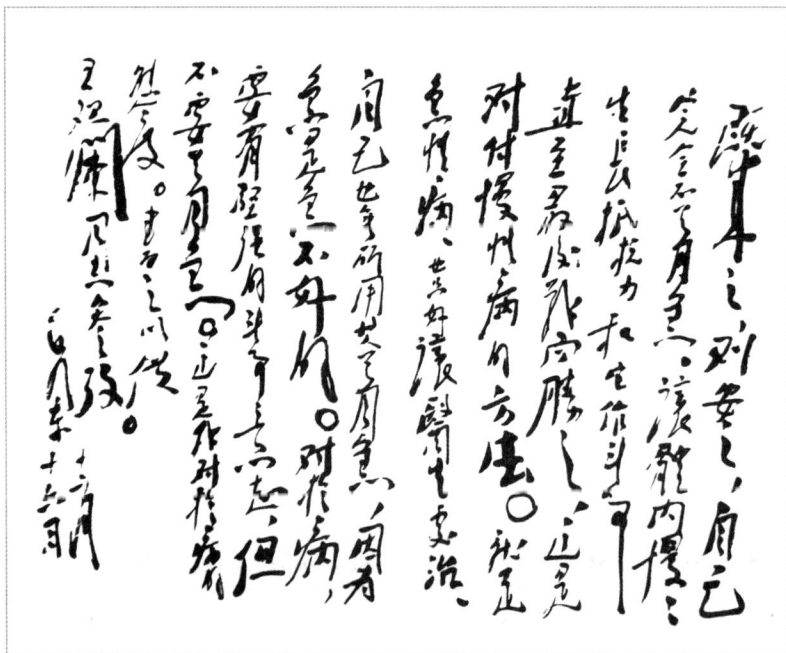

毛泽东写给王观澜的慰问信[②]

①《王观澜文集》,人民出版社,1994年,第290页。
②《王观澜文集》,人民出版社,1994年,第8页。

观态度的一个精神支柱。此后,王观澜的病情虽多次反复,甚至一度病危,但在毛泽东等党中央领导人的重视与关心下,在中央医院精心救治下,他一次又一次迈过鬼门关。多年以后回忆起来,王观澜不无感慨地说,如果没有党中央和毛泽东的亲切关怀,没有中央医院医务人员的尽心努力,他不可能还活在这个世上。他说:"是党和毛主席给了我新的生命!"

1948年秋天,人民解放战争进入了夺取全国胜利的阶段。根据党中央的批示,王观澜夫妇启程去苏联治病,取道河北、山东,经东北出国。

在苏联治病期间,健康状况稍有好转,王观澜就开始参观莫斯科的工厂、集体农庄与合作社,他说:"中国是一个农业大国,中国的农村劳动力非常密集,但耕作手段十分落后,基本上是小农经济的耕作方式和分配方式。而国家收入的很大部分要靠农业。如果农业不能得到很快的恢复和发展,国家的经济命脉就难以维系。过去,解放区也办了不少农场,但由于缺乏经验,一般都采取了供给制方式,给投资、给机械、给人员和物资,甚至还讲排场,但很少引入经济核算的观念,再加经营管理不善,因此成效不大,很值得总结。我过去长期调查和研究中国农村和农民问题,有机会来亲自考察苏联的农业发展模式,组织结构等,对我来说,无疑是一次有益的、饶有兴趣的对比研究机会,可以为中国农业的发展寻找可借鉴之路。"

但王观澜并不盲目追尊苏联的经验,他认为中国不能照搬苏联农庄的那套经营方法,他有自己的独立思考,苏联农业的集体化、机械化程度很高,一个重要原因,是他们的人口稀少,土地广袤,比较容易进行大面积的耕作。而中国幅员辽阔,地形多样,主要的农业产区人口稠密,人均可耕地少,因此很难快速向集体农庄迈进。苏联农业实行的集体农庄方式,是根据他们自己国家的自然条件、人

口数量等实际情况而定的,他说,"中国不能一味照搬照套"。

1949年10月,中华人民共和国成立。尽管远在苏联,但新中国的炽热横穿千里,灼得王观澜夫妇待不住了。王观澜说,我渴望立刻投身到新中国的建设中去! 于他们马上给党中央打了报告,11月得到党中央同意后,王观澜夫妇迅速启程,回到了祖国。

中华人民共和国成立后,王观澜一直在农业部门的领导岗位上工作,他先后任中共中央政策研究室副主任,农业部党组书记、副部长,中共中央农村工作部副部长,国务院农林办公室副主任兼北京农业大学校长、党委书记,农业部顾问组组长。数十年间,他始终以发展农业为首要任务,一心扑在为广大农村和农民寻找可持续发展的理论和道路上。他在农业领域的许多理论和实践建树,被公认为国内最早的"三农"问题专家。

1950年,王观澜与徐明清在苏联克里米科合影

1956年4月,为了解农民的实际困难,王观澜亲自带领一个工作组南下浙江。相比北方地区,南方地区发展农业的条件要有利一些,但也复杂些,浙江属于比较有代表性的一个省份。王观澜以临

海、嘉兴两个县为重点，深入农村进行调查研究。尤其是在家乡临海，王观澜凭借着群众基础和对环境的熟悉，掌握了大量的资料。他为临海的农民算了一笔账，发现他们上一年的人均粮食为四百二十八斤，比前一年的四百五十二斤还减少了。而浙江两千万农民，平均每人所得比临海县还要低，各地的副业和土特产品生产的收入也呈下降趋势。就生猪一项来看，问题也相当严重。据浙江省当年4月份统计，全省只有生猪两百五十万头，仅及当年养猪计划的一半，而且部分地区仍在下降。在这种趋势下，多数农民的生活仍然处于贫困状态。

回京后，王观澜立即写了一个报告，如实反映了考察情况。他在报告中说："我在农村看了农民的实际情况，深感实际生活要比书本上复杂得多，丰富得多。"他还建议："我们党的许多负责同志，尤其是领导财经工作、领导城市工作的同志，最好也抽出一些时间，到农村去看看。"

王观澜的调查报告，受到了毛泽东的重视，随即批转全国各地参考。批示指出，"为农民算账是一个很重要的问题"，"王观澜同志报告中所述临海县的情况，是农民不能增加收入的情况，如果这种县多了，则事情未可乐观，值得严重注意"。王观澜看到批示后，既激动又兴奋，有了毛泽东的支持，农村和农民的问题，一定能得到切实解决。

由于早年长征时留下的病根，加之数次带病工作，尽管后来几次治疗和休养，王观澜的身体始终没有达到完全康复。在1981年9月，王观澜带着一个工作组，到河北的保定、安国、博野等地考察，攒着一股劲，他连续工作到11月才返回北京。其实，那个时候他的胰腺癌已经发生了扩散，身体很快就支撑不住了。12月23日，王观澜被送进了北京医院。

中央转发王观澜同志关于江苏、浙江两省农村
情况的报告

各省、市、自治区党委并告中央各部、国家机关各党组：

现在将中央农村工作部副部长王观澜同志一关于

江苏、浙江两省农村情况的报告转发给你们阅读。报告

中的第二项"为农民算账"是一个很重要的问题，同时许多

地方对于这个问题还没摸底，也还未引起应有的重视。

为了改变这种情况和真正……农民……情况，各级党委

都应当进行这样的调查，地委、县委在一两个乡或

者在一两个合作社内进行调查，省、市、自治区党委选

择一两个县直接去进行典型调查。这项工作应……

……年秋季内进行并作出具体布置，以备秋季之用。王观澜同志报告

……

中央

一九五六年四月廿二日

毛泽东就王观澜关于农村问题调查报告的批示①

---

① 《王观澜文集》，人民出版社，1994年，第122页。

1982年1月16日,王观澜自知不久于人世,便嘱咐妻子徐明清:"我一辈子是革命的,经过多少曲折斗争,现在没有多的话了。你要管教好孩子,要他们争气。我是共产党员,向中央打报告,把我烧了吧!"说完这话没多久,王观澜就陷入了半昏迷状态。

1982年1月19日,王观澜逝世。这个从临海走出去,搞过学生运动,参加过长征,一辈子都在为农民和农业操劳的无产阶级革命家,永远地离开了。2月13日,中共中央在北京召开了王观澜同志的追悼会,林乎加同志代表中央致悼词,高度评价了王观澜同志为党、为人民、为革命事业奋斗的一生,称王观澜同志为久经考验的共产主义战士、无产阶级革命家、中国共产党的优秀党员、我党最早从事农民运动和土地革命的领导之一。

悼　词①

今天,我们怀着极其沉痛的心情,深切悼念久经考验的共产主义战士、无产阶级革命家、中国共产党的优秀党员、全国人民代表大会常务委员会委员、农业部顾问组组长王观澜同志。

王观澜同志因患癌病,医治无效,于1982年1月19日凌晨3时50分在北京逝世,终年76岁。

王观澜同志是浙江省临海县人,1906年7月出生于贫苦家庭。早在第一次国内革命战争期间,就积极参加进步的学生运动,投身反帝反封建的斗争,于1925年加入中国共产主义青年

---

① 《王观澜文集》,人民出版社,1994年,第314页。

革命先驱

团,1926年转为中共党员。先在浙江台州地区组织和领导学生运动,"四·一二"反革命政变后,到上海市沪东区委工作,不畏艰险,积极从事工人运动。第二次国内革命战争初期,党派他到莫斯科共产主义劳动大学学习,在这一期间,他同王明的教条主义和宗派主义进行了坚决的斗争。

1930年回国后,历任苏区县委书记,闽粤赣特委宣传部代部长,《红旗报》编委会主任,闽粤赣军区政治组织部长、宣传部长,中央工农政府机关报《红色中华》总编辑,土地部副部长、土地委员会副主任、查田运动指导委员会主任。在毛泽东同志直接领导下,他参与制定土地革命的具体政策,对于苏区农民运动的深入、红军的扩大、农业生产互助运动的发展和革命根据地的建设,做出了卓越贡献,深得党中央和毛泽东同志的赞扬。

在红军长征期间,王观澜同志任一、三军团地方工作部科长,越西游击大队政委、军委干部地方工作团主任。他不顾生死,机智勇敢地完成长征中扩大红军和筹集军粮的任务。中央红军到达陕北后,历任接收延安中央工作团主任,中央土地部部长、农委主任,统战委员会常委,中央组织部组织科长,陕甘宁边区党委副书记、统战部长、统战委员会主任,他坚决贯彻执行党中央的正确方针、参与具体决策,为发展边区农民运动,组织劳动互助,发展农业生产,指导国民党统治区的农民运动,培训抗日领导干部,扩大统一战线组织,做出了重大贡献。

全国解放后,王观澜同志历任中共中央政策研究室副主任,农业部党组书记、副部长,中央农村工作部副部长、国务院农林办公室副主任兼北京农业大学校长、党委书记,国务院业务组列席成员,农业部顾问,第二、三、四届全国政协委员,第四、五届人大常务委员会委员,民族组副组长等职。在社会主义革命和建设中,他积极贯彻执行党中央关于互助合作和教育工作的方针政策,为发展我国农业生产、培养农业科学技术人才,做出了积极的贡献。他对林彪、江青两个反革命集团的倒行逆施深恶痛绝,衷心拥护党的三中全会制定的路线、方针、政策,对三中全会以来的政治、经济形势充满信心,心情舒畅地积极工作。

王观澜同志是我党最早从事农民运动和土地革命的领导人之一。在他50多年的革命生涯中,一贯忠于党、忠于人民,忠于无产阶级革命事业。他不顾个人安危,不畏艰难困苦,勇往直前,勤勤恳恳,兢兢业业,几十年如一日。担任顾问后经常说:"工作退居第二线,但为人民服务的思想不能放在第二线"。他在病危前夕还坚持看书学习,以顽强的毅力,抱病参加五届人大四次会议,积极参加讨论,关心国家的四化建设。

王观澜同志在工作中一贯坚持实事求是的思想路线,注重调查研究,注重深入农村、深入群众了解情况,体察群众生活。近两年来他不顾70多岁的高龄,还坚持每年下乡调查,研究陕北和江西、福建老革命根据地农村出现的新形势、新情况和新问题。他不以风为准,不唯心,只唯实,为革命事业赤胆忠心,无私无畏,勇于向中央反映实际情况和工作中存在的问题。

王观澜同志品德高尚,党性坚强,光明磊落,对党和人民无限忠诚,从不考虑个人得失。1929、1932和1938年,他三次遭到王明、康生等人的打击。"文化大革命"开始至党的十一届三中全会之前,他和爱人徐明清同志又曾蒙受诬陷和迫害。在逆境中,他始终保持对党的坚强信念,严格遵守党的纪律。他讲团结,顾大局,从不计较个人恩怨。对待同志诚恳热情,作风民主,平易近人,与人为善,诲人不倦。

革命先驱

他生活简朴,廉洁奉公,严于律己,临终前还嘱咐他爱人要严格教育子女,继承革命的优良传统,接好革命的班。

王观澜同志在长征的艰苦生活中就得过重病,在延安时期,又因日以继夜地忘我工作,积劳成疾。他以一个革命者的坚强意志,按照毛泽东同志和他通信中所倡导的"既来之,则安之"的革命乐观主义精神,同病魔进行了长期顽强的斗争,战胜疾病,继续为党工作。

王观澜同志的一生,是革命的一生、战斗的一生、全心全意为人民服务的一生。他的逝世,是我们党和人民的一大损失。我们要学习他忠心耿耿为党为人民奋斗到最后一息的革命精神;学习他实事求是,坚持真理,坚持党性原则的崇高品德;学习他严以律己,平等待人,团结同志,艰苦朴素的优良作风。

悼念王观澜同志,我们要化悲痛为力量,坚决贯彻三中全会以来党的方针政策,坚持四项基本原则,为把我国建设成为现代化、高度民主和高度文明的社会主义强国而奋斗。

王观澜同志纪念碑

烈行偏从巾帼昭

　　王观澜与徐明清是一对从临海走出去的革命伉俪。王观澜是我国著名的农业专家,毛泽东曾评价说:"王观澜是我们党内最懂得农民与土地的人之一。"他曾任农业部党组书记、副部长。如今人们提到徐明清,大多因为她是"王观澜的夫人",事实上,徐明清自己就是一个优秀的革命战士。

　　1911年5月22日,徐明清出生在临海溪路乡南岙村的一户农家。这个山清水秀的小村庄,只住着几十户人家,大多都是徐姓本家。徐明清的祖父是远近闻名的中医,父亲虽继承了医术,却一心想着考功名,只是未能如愿,便在家中行医,兼则教授子女。母亲是邻镇大田下沙屠人,由于离城里近,家中读书人也多,也接受了一些新思想,是个传统但开明的女人。因此,小时候,村里的女娃都要缠足,只有徐明清是个例外。

　　山村的童年虽然清苦,却也简单幸福。徐明清有个最要好的小伙伴叫香妹,每天清晨,两个女

徐明清

孩子就相约着去割草。可是有段时间,香妹好久都没出现了,徐明清就去问母亲香妹怎么不见了。母亲叹息着告诉徐明清,香妹已经被卖到邻村当童养媳了。这是徐明清第一次听到"童养媳"这个词,彼时,八岁的她还不太清楚这意味着什么,但从母亲的神态语气中,她意识到这不是一件好事。果然,不到一年,就传来了香妹被虐待致死的消息。徐明清幼小的心灵遭到了极大的打击,为什么女孩的命运这么悲惨?其他地方也有很多女孩像香妹一样遭受厄运吗?对旧社会的愤恨和不满就此埋在了徐明清心里。

九岁那年,徐明清向母亲提出上学的要求。母亲马上答应了,但由于村里没有新式学堂,私塾又不准女孩念书,母亲只好将徐明清送到四十里外娘家的下沙屠小学,寄宿在舅舅家。从此,徐明清离开了那个闭塞落后的小山村,告别了童年,开始了学习生涯。

在下沙屠小学,徐明清凭着幼时父亲教的识字基础,加之聪明好学,两次连跳两级,仅两年就从小学毕业,考入了城里的尚文女子高小,后又考入了台州女子师范(简称"女师")。在过去几年的求学生涯里,徐明清受进步思想影响,反封建的斗争意识开始在她的意识里萌芽。

1925年,上海爆发五卅运动,风暴波及临海,学生们纷纷响应、声援,各中等学校先后成立了进步学生组织。"女师"也成立了学生会、评议会和励志会,积极踊跃的徐明清被选为评议会主席。此后不久,徐明清又加入了由时任"六中"简师部学生会主席王观澜牵头组织的临海"学联",利用假期时间,下乡宣传革命道理,宣传妇女解放。进步组织乙丑读书社成立后,她又与"女师"的同学们第一时间报名参加。1926年,中共临海特支成立后,临海的党、团组织逐步成熟。同年12月,表现突出的徐明清在卢经武介绍下加入中国共青团。

1927年，"四一二"反革命政变后，临海的"清党"活动随之大肆推开，"女师"也被列为重点对象之一。5月的一个傍晚，徐明清与几位同学返校时，看门的大爷好心提醒："有人要抓你们。"徐明清等人意识到情况不妙，立刻回到宿舍将一些进步书籍和传单藏到地板下。几位女同学冷静讨论后，决定趁夜回家先避一避，然而城门已关，大家只好分别投到城里的亲戚家躲避。几天后，徐明清和同学乔装扮成卖柴姑娘，得以混出城门，回到家中。

小小的南峃村装不下投身革命的大大梦想。在家待了半个月，徐明清坐不住了。照形势来看，"女师"肯定是没法再去了。当时临海很多进步青年都去了上海，乙丑读书社的常委之一林迪生就曾给徐明清来信，鼓励她到上海求学。徐明清于是决定去上海闯一闯。母亲起初担心不肯，架不住徐明清的软泡硬磨，终于还是忍痛卖掉了家里仅有的几亩地，凑齐了学费和路费。就这样，徐明清在母亲不舍的泪水和飘飞的白发里，只身离开临海，去往上海。

到上海后，徐明清在林迪生的介绍下，进入泉漳中学就读。在这里，她还遇到了从前"六中"的党员教师李圣悦，在他的带领与介绍下，徐明清开始参加上海的进步活动。但好景不长，在一次游行示威活动后，徐明清与另外三名同学遭到学校盘查，被开除了学籍。幸而组织非常关心这一情况，分别给她们安排了工作。徐明清先后被安排在法南区团委、惠文小学工作。后因为进步身份暴露，又被调往杭州，在中共浙江省委秘书处工作。

1928年9月，徐明清考入了陶行知在南京创办的晓庄学校，成为该校第四届学生，并凭着机智、聪颖，很快成为陶行知门下的得意弟子。共青团晓庄学校支部成立后，徐明清被选为第一届团支部书记。次年秋天，因表现突出，徐明清转为中共党员。

1930年，晓庄学校被国民党当局强行查封，陶行知被迫流亡日

本。徐明清也不得不回到上海。有一天晚上,她在上海四马路的明日书店,遇到了临海老乡王观澜。他们在临海搞学生运动时就早已相识,不想他乡遇故知,两个革命青年都很激动,聊家乡临海的情况,聊各自参加革命的情况,一直聊到深夜,话犹未尽。只是当时大家有着不同的革命任务在身,王观澜即将出发去往江西中央苏区。临别时,王观澜笑着对徐明清说:"放心吧,革命总会胜利的,让我们相会在胜利的那一天吧!"

1932年初,徐明清因母亲生病回乡探望。谁知,因为上海爆发"一·二八"事变,临海至上海的船统统停运,她不得已只能暂留在临海。彼时,乙丑读书社的成员们早已各奔东西,有的去了苏联,有的已经牺牲,还有一些下落不明。只有林迪生也因回家过年而滞留临海。徐明清与林迪生联系上,两人见面后,都觉得不能这样消极地在家消耗时间,应该借着这段时间,在家乡搞宣传、搞教育,提高老百姓的文化水平和思想觉悟。

于是,徐明清就和林迪生以及几个进步青年一起,在桃渚区泗淋村(今属三门县)和四岔村各办了一个小学,分别叫泗淋小学和晓村小学。徐明清在晓庄学校时学的就是小学教育和幼儿教育,有一些教学实践的经验,于是便由她兼任两个小学的辅导员。她外向开朗的性格也很受大家的欢迎。两个小学办得风生水起,徐明清提议,干脆组织成立一个"新教育研究会",推行晓庄学校的学风,培养青少年的革命思想。徐明清等人办学成功,很快在外面打响了名气,大家都知道临海的进步学校很红火。

1932年4月,时任江西苏维埃中央政府副主席项英与夫人张亮要到中央苏区去,张亮遂将他们的女儿送到了林迪生家中,托付给林迪生和徐明清共同照顾。原来,项英的妹夫正是从临海走出去的革命战士陈学西,他也是乙丑读书社的创始人之一,与林迪生、徐明清等人都熟悉。考虑到去苏区的路途太危险，项英夫妇遂决定将女儿暂寄在临海。这个叫项素芸的小女孩，来到临海时才两岁。1932年7月，临海至上海的船重新开通，徐明清回到上海工作，将小素芸也带去了上海，安置在陶行知开办的劳工幼儿园。

徐明清在给孩子们讲故事

徐明清回到上海后，得知陶行知业已回到上海，并创办了"山海工学团"，取得很大成功。她很快与恩师取得联系，并参与到工学团的工作中。为了扩大影响，陶行知决定再办一个工学团。徐明清作为陶行知的得意门生，接下了这个任务。为了办好这个工学团，徐明清四处奔走，筹资、选址、找人，最终她在上海新泾陈更村找到了一处房屋，取"陈更"的谐音，创办了"晨更工学团"。

晨更工学团是个公开、合法的教育团体，设有幼儿园、小学、特别班，以及农民、工人、店员识字班。当时，上海的左翼"教联""社联""剧联"以及"左联"等组织，都纷纷派人参加"晨更工学团"的工作。1934年1月28日，上海各界举行了纪念"一·二八"抗战两周年

革命先驱

的示威游行。徐明清作为负责人,牵头组织了"晨更工学团"的教员、学员参加了此次游行示威。然而,也正是这次游行,暴露了"晨更工学团"的进步面目,引起了警方注意。后来,徐明清由于身份暴露,不得不离开了"晨更工学团"。

随后,徐明清调到上海女青年会浦东女工夜校开展工作。这个位于浦东烂泥渡基督教青年会里的女工夜校,当时的情况并不理想,教师良莠不齐,女工们也因为各种情况对学习并不抱很大的信心。徐明清到校后,先是找了一些学生谈话了解情况,又有针对性地安排了家访,不仅做家长的思想工作,也做学生的思想工作。在她的努力下,学校风气有了很大改善,女工们除了课业上的问题,就是日常有什么心事或疑问,也都会跑来问徐明清,大家亲切又尊敬地喊她"徐先生"。徐明清还在表现优秀的女工里发展了一些共产党员,鼓励大家要起来斗争革命。其间,她还曾受陶行知委托,为营救原晓庄学校党支部书记、教联负责人刘季平,去泰山会见了冯玉祥。

1935年4月,徐明清因被叛徒出卖而被捕,先是在拘留所被折磨了三个月,后又被押解到杭州反省院。敌人对她严刑拷打,指望从她口中打开上海地下党组织的突破口,但她即使被打得全身浮肿、脑神经受损、意识不清的情况下,都没有透露给敌人任何口实。直至1936年6月,经党组织和陶行知等人的多方营救,徐明清才得以出狱。出狱后,她回到临海休养了一段时间,回到上海不久,便调到西安"中共东北军工作委员会"(简称东工委)工作。

1937年1月底,中共西安市委成立,徐明清任市委委员、妇女工作委员会书记。9月,徐明清调往延安中央党校学习。

9月下旬,徐明清到达延安,当她到组织部组织科报到时,碰到了一位同乡旧友——时任组织部组织科科长王观澜。距离上一次在四马路的书店遇见,时间已过去了七个年头,两人在各自的战线上奋斗。再相遇时,当初的热血青年都已成长为成熟的革命战士。

革命情怀也浪漫。徐明清的到来,给王观澜的生活带来了一些微妙的变化。徐明清住在组织部的招待所,王观澜常去看她,带着对同志的关心,带着对同乡的关切,帮助她的工作与生活。而徐明清初到延安,认识的人很少,也常在星期天去找王观澜聊天,对于这个年长她几岁,面貌端正清秀,举止得体儒雅的同乡,她感到信任而安全。两人还像老朋友那样友好,似乎彼此之间积攒了七年的话,都迫切地想要向对方倾诉。

两个人越聊越多,越聊越深,交谈的话题不再停留在彼此的战斗经历和对革命事业的理解上,也有了一些对生活、对未来的期盼。不知道是多年前就埋下了情感的种子,还是在这段时间里发现了对方身上的闪光点,两个年轻人的心越走越近,常常为对方取得的进步而兴奋,也为对方经受的遭遇而不平。

1937年底,徐明清和王观澜这对从临海走出去的革命战士,在延安喜结连理,组建了小家庭。革命年代的婚礼简单到近乎简陋,所谓仪式,就是在延安的合作社吃了一顿饭。出席婚礼的,有毛泽东、洛甫(张闻天)、李富春、蔡畅等革命领导人。

王观澜在组织部组织科,徐明清在组织部妇女科,两人既是夫妻,也是同事和战友,彼此互相勉励、互相促进、互相关心。王观澜实事求是的工作作风,坚定顽强的革命意志,高尚无私的美好品德,都对徐明清产生了深深的影响,而徐明清除了在生活上给王观澜带去温暖,也给他讲述在晓庄学校、临海师范的学习和生活,以及后来被叛徒出卖而被捕入狱的经历和感触,令王观澜对自己这位面容清秀却内心强大的妻子有了更多的了解和钦佩。

在王观澜起伏坎坷的一生中,甚至是一脚踏进鬼门关之时,都

是徐明清始终坚定不移地陪伴他、理解他、支持他,夫妻二人不离不弃,相互扶持,一起度过了无数风雨。

中共七大召开前夕,王观澜的肠胃病复发,医生发现他的十二指肠溃疡造成了血管破裂,大量的血经消化系统反流上来。更糟糕的是,肠黏膜脱落造成了肠堵塞,不仅不能进食,还常发作腹痛和呕吐,严重的贫血和脱水导致静脉极差,输液输血都很困难,一度只能靠滴肛维持生命。在那个医疗资源缺乏、医疗技术不发达的年代,这样凶险的情况是很悲观的,尤其是后来又因为严重的营养障碍,王观澜还出现了双目失明、周身神经发炎等并发症。经过医生会诊,发现王观澜身体的许多脏器都正在衰竭,生命危在旦夕。一位苏联派驻边区医院的阿洛夫医生,更是直接下了病危通知,他十分无奈地告诉徐明清,以王观澜现在的情况来看,恐怕坚持不过一周时间了,让她要有思想准备,并着手后事。

医生的话让徐明清感到无比的绝望。王观澜正值壮年,还有好多事没有去做,还有好多理想等着去实现,他心心念念的革命事业,和那些像亲人一般的农民朋友,都在等着他。但是,他却被病魔判处了死刑。想到这,徐明清的眼泪像止不住的大雨般落下来。悲痛万分之际,徐明清想到了毛泽东。毛泽东既是他们夫妻俩的领导,也是知心的朋友,总是惦念着王观澜的病情。如今,到了生死诀别的时刻,她应该把这个情况告诉毛泽东。徐明清含着泪水给毛泽东写了一封信,告诉他王观澜如今的情况。

1946年上半年,正是国共两党摩擦不断升级,内战一触即发的危急时刻,此时的毛泽东为了应对国民党全面内战的部署,工作几乎不分昼夜,但接到徐明清的信后,他还是很快就亲笔写了回信。在毛泽东的关切和鼓励下,在医院的全力救治下,在徐明清的悉心照料下,站在生与死边缘的王观澜竟然奇迹般地战胜了死亡。

"大跃进"时期,务实的王观澜发现亩产数字越报越大,就开始发愁。有一天,读高中的女儿海燕回家时把新闻上农业"大丰收"的消息讲给父亲听。让她感到意外的是,父亲听完后,陷入了沉默,后又反问她:"你觉得这些新闻可信吗?"海燕一时怔住了,不明白父亲的用意何在。她感到疑惑,便悄悄问徐明清,父亲是不是有点"右"?徐明清深知王观澜的性格,她明白他的忧虑,就没有正面回答女儿,只是语重心长地告诉女儿:"你们的爸爸做事从来都是从实际出发、实事求是的。"

　　1961年1月,农历春节前,王观澜在中南海怀仁堂的文艺晚会现场遇到了毛泽东。毛泽东拉着王观澜的手,让他坐在自己身边,询问他的身体情况及徐明清和孩子们的情况。晚会期间,他几次想向毛泽东反映当时农村的实际情况,但又感到不是合适的场合。回到家后,他反复思量,决定通过写信向主席反映情况。王观澜想,主席问候了徐明清,那么就以徐明清的名义,给毛主席写一封信。

　　以徐明清的名义写信,多少有点一语双关的意思。在当时严峻的政治形势下,将面临多大的风险和后果,王观澜和徐明清是考虑到了的。夫妇俩把三个都已入党的儿女叫在一起,把为什么要写这封信的来龙去脉做了一个说明。女儿王海燕清晰记得父亲当时说的话:"说真话,可能会受到打击。但为了人民,为了国家,我们一定要反映真实情况。我是共产党员,豁出去了,最多丢官。你们要有思想准备,如受到了打击,不要害怕。"

　　"文化大革命"期间,全国掀起了一股抓"叛徒"的恶风,凡是在白区工作过,凡是被逮捕过又释放的,都被定性为"叛徒"。而徐明清偏偏这两样都碰上了,她因在上海工作时被国民党特务逮捕,坐过一年多的牢,也被列为审查对象。1972年,徐明清被定为"叛徒",开除出党。她多次向上级反映实情,表示她被捕后的表现组织上是

了解的,也是组织上营救她出狱的,她从未背叛党。但在当时那样的环境下,她的申诉却被指斥为态度不老实,这顶"叛徒"的帽子便一直戴了下去,始终过着挨斗、受批的生活。

"文化大革命"结束后,徐明清又因在上海工作时曾与江青有接触而遭牵连,被秘密送进了秦城监狱关押。直到1979年3月,她被转到北京某公安医院,换为病号待遇,境况有所改善。不久后,徐明清被释放回家。

中共十一届三中全会召开后,开始对过去的冤假错案进行复查,经过农业部党组大量的"内调外查"(调出内部档案,去外地调查),1979年11月17日,徐明清终于接到了撤销在"文化大革命"中错定她为"叛徒"的决定,经中央组织部审批同意后,于1980年3月10日发文摘掉了她"叛徒"的帽子,恢复了党组织生活和行政待遇,彻底地为她恢复了名誉。

1982年,王观澜病重时,胡耀邦总书记曾亲自到医院看望,他拉着徐明清的手对她说:"不要难过,这几年你受苦了!"一句话说得徐明清湿了眼眶。

徐明清离休后,始终关注着"三农"问题、妇女儿童和青少年教育及陶行知"生活教育"研究等方面的情况,关心党的思想建设。在1984年的春节茶话会上,中共中央邀请了十五位1927年以前参加革命的老大姐,徐明清也是其中的一位。

2008年11月1日,徐明清因病在北京逝世,享年九十七岁。在她八十多年的革命生涯中,无论是革命时期,还是身处逆境时期,她对共产主义的理想信念始终坚定,对党的事业和人民的忠诚始终不动摇。她始终保持着乐观豁达、不屈不挠的崇高境界,表现了一个共产党员的高尚品质和道德风范,实践了一个共产党员为共产主义奋斗终生的誓言。

附：

永别了，观澜同志[①]

徐明清

我万万没有想到，观澜同志这样突然地永远地离开了我们，离开了人间。去年12月23日他因身体不适住进医院，农业部的领导同志前往探望，他还爽朗地说："你们工作忙，不用来看我。我不会进'八宝山'，过几天就会出院的。"现在看来，正是这种乐观的精神暂时抑制了病情的充分显露。实际上，他所患的胰腺癌，已经向内脏其他器官扩散，住院一星期后，病情急剧恶化，他从此卧床不起，疼痛加剧，时而昏迷。1月16日，在他停止呼吸前3天，观澜自知不久于人世，嘱咐我说："我一辈子是革命的，经过多少曲折的斗争，现在没有多的话了，你要管教好孩子，要他们争气，我是共产党员，向中央打报告，把我烧了吧！"

人生自古谁无死，这条自然法则是任何人无法抗拒的。观澜入党56年的战斗历程，自有党和人民的定评。作为一个同他共忧患、同欢乐，度过几十年不平凡生涯的战友、伴侣和妻子，在这最后诀别的时刻，我还有些话要倾诉。

（一）

观澜同志是一个一往直前的铮铮硬汉子。

半个多世纪以来，无论是在同敌人的较量中，还是在同党

---

① 《王观澜文集》，人民出版社，1994年，第318页。

内错误路线和错误倾向的斗争中,还有,在同多次袭来的病魔的拼搏中,他都没有退却、妥协和消沉。相反地,每一次政治界和自然界的风暴,他都能明辨方向,迎着它上,并且以高昂的士气战胜艰难险阻。

在大革命的形势影响下,观澜于1925年在浙江临海第六师范加入共青团,次年转为共产党员,任六师党支部书记。我当时是临海女子师范的学生会主席,这两个学校的学生运动搞得有声有色。但是,好景不长,1927年"四一二"事变,白色恐怖降临了。在大逮捕的淫威面前,并不是每个参加革命的人都能经受住这一生死的考验。总共100多个党团员,有的不告而别,有的远走高飞,有的消极沉沦,登报声明脱离党团关系的也不少。当时才21岁的观澜同志,联合几个坚定的同志继续战斗,始则翻山越岭掩护同志到离城45里的山村避风,继则潜入城内,组织并鼓励学生罢课声援被捕同学、掩护同志转移,巧妙地探望入狱战友,鼓励同志们同敌人斗争到底,抗议军警包围学校,所冒的风险难以一一详述。在当地无法活动,观澜同志向邻人借了几块钱,只身到上海找党组织,终于接上了党的关系,被分配到沪东区委从事工人运动。党遭受的失败和挫折,没有使观澜唉声叹气,而是分担党的危难,主动开展工作。

明枪易躲,暗箭难防。由于1927年底党派观澜到莫斯科共产主义劳动大学学习时,他同王明的教条主义和宗派主义进行了坚决的斗争,因此在他回国进入江西苏区工作后,遭到教条主义者的打击。在瑞金,抓住观澜同志一篇文章中的什么辫子,宣布开除他出党。只是由于当时也受到排斥的毛泽东同志的据理力争,才恢复了观澜的党籍。经过长征到延安后,王明、康生刚从莫斯科回来,一见观澜同志仍在担任领导工作(任陕甘宁边区党委副书记、统战部部长），就再次发难，诬指观澜有托派嫌疑，不能担任重要职务。观澜闻讯后，当面质问王明："你说我是托派，有什么根据？"王明便推到康生身上。观澜又去找康生。这个两面派一面请客吃饭，招待一番，另一面仍然不收回诬蔑不实之词。这次，又是毛泽东同志出来干预，说："王观澜同志经过我亲手10年的考验，这个同志如果不是好同志，我们党内就没有好同志了。"[1]

这里可以补叙一段他出国和回国的惊险经过。1927年9月中央决定选派二十几个同志去苏联学习（有观澜、萧劲光等同志）。去海参崴的苏联轮船停在吴淞口外，国民党当局发现凡是要上船赴苏的一律抓捕。观澜等待时机，一天下大雨，看见轮船升火待发，烟囱冒烟，便登上小筏子直奔吴淞口。出口到了公海，便放声唱《国际歌》，舒展在白色恐怖下被压抑的心怀。在苏联学习3年多，得知苏区斗争日益开展，观澜即要求回国。1930年12月，他在东北国境线上，冒着零下四十几度的酷寒，偷越国境，然后经上海转江西苏区，观澜就是这样把革命任务看得比自己的生命还重要。

在二万五千里长征途中，观澜同志历尽艰险，一往直前，差一点"马革裹尸还"。长征开始后，观澜在一军团。遵义会议后，任中央干部团主任。过云南时去三军团检查工作，到西昌，过小凉山，在越西与少奇同志谈话后，组织上决定观澜同志在越西组织地方武装，开辟游击区。经过发动群众，建立了100多人的越西游击大队（内有彝人一个班），观澜任政委。不久，毛主席派民族兄弟送手令要观澜立即率部队回中央。在富林河

---

① 《王观澜文集》，人民出版社，1994年，第290页。

革命先驱

边会合。时值大雨，大渡河北岸各条支流的桥梁悉被冲毁，观澜同志率部队每日冒雨行进百数十里，在何长工同志率领部队的接应下顺利过了河。过安顺场时，一面与敌军隔河对射，一面掩护部队上山，然后日夜兼程赶到泸定桥边，深夜通过铁索桥，继续北进，赶上中央并会见了毛主席。过草地时，找不到粮食，饥饿难挨，只得把一病马煮食充饥。观澜从次日起，一昼夜拉痢57次，还坚持在大雨中翻过三座大山，行程100多里，第三天全身瘫软，仍提着裤子坚持行军，一点药物都没有。观澜同志经常说："在革命存亡的关头紧张的心情压倒了行军的痛苦。我见过僵卧在皑皑白雪之上的无名英雄，见过围坐烤火死而不倒的钢铁战士，我一生将永远不忘这一段生死考验的历程。"

去年年底的人大五届四次会议，现在回过头来看，观澜是抱病参加的。他每天上下午，坚持参加会议，还认真发表意见。对绿化祖国，他认为光靠突击不行，要经常化、有恒心，不要搞一阵风、一风吹，并主张采取多种办法，如飞机播种、封山育林、种草等等。就在人大会议闭幕后不久，观澜感到疲乏，躺倒了。万里同志于1月7日到医院探望时，观澜说："我这次是搞得太累了。"万里同志深有所感地说："是啊，搞得太累了。这次要下个决心，要解决这个问题，不能让这样的老同志再受这样的劳累，党中央要让他们健康、长寿。"

（二）

观澜同志是一个不随风倒的有党性的人。

1955年下半年，党内在农业合作化问题上发生了原则性的争论。一部分同志想加快合作化的速度，总认为越快越好。邓子恢同志和中央农村工作部的一些负责同志不同意加快，认为还是需要10年到15年或者更长一些时间才能完成。观澜在回忆这一段历史时说："邓老坚持发展一批，巩固一批；群众不愿意的，不要勉强组织。但是，当时压力来了，而且越来越大，诸如右倾机会主义、小脚女人的帽子，都来了。现在回头看，更加深切懂得，搞合作化，如同社会发展，人的思想发展一样，有不以人的主观意志为转移的客观规律。"

在"共产风"、浮夸风、瞎指挥风并起的"大跃进"年代，观澜随邓老到徐水一带去视察，认为情况很不正常，说："亩产几万斤，不可能的，不合当前科学水平的。"在一次中央会议上，观澜说了这样一句话："这只是主观愿望啊！有些东西，不要说科学知识，连农业常识都没有了。"观澜在中央苏区就搞农民工作，对农民感情很深，当知道由于"三风"而造成的群众吃不饱饭、浮肿病蔓延，甚至发生死亡的状况时，他难以安睡，陷入苦闷之中。是向中央如实反映情况，痛陈时弊，还是昧着良心讲假话，文过饰非？这是一个不寻常的考验，观澜的内心也是有剧烈斗争的。当时，我劝阻他不要向中央写信，以免招来麻烦。观澜大声说："我是共产党员，说是为人民服务，现在服务什么？最多丢官，我豁出去了。"他提笔写了一封至今没有人知晓的信，直截了当地说："现在对许多概念，都模糊了。"观澜在信中列举了12个对立面的概念，希望得到澄清：左和右；好和坏；真和假；是和非；快和慢；敌和我；公和私；大和小；上和下；黑和白……谁都会懂得所以提出这些基本哲学概念的良苦用心！在信的末尾，他写道："浮夸是万恶之源，欺骗是害人之本。"观澜如今与世长辞，我想，如果我们能够认真吸取那一段历史的教训，他死也瞑目了。

革命先驱

观澜在1957年反"右派"运动中的表现,也可以一提。当时他的职务是中共中央农村工作部副部长兼机关党委书记,分工负责抓运动。这也是一股"蹶石伐木,梢杀林莽"的台风。左邻右舍的机关,又揪出多少个"右派"了;情况相仿的单位,已制订出揪"右派"的百分比了。观澜始终把住一条:从我们的实际情况出发,不以风为准。结果,中央农村工作部只定了一个"右派"(现在复查,这个同志也不是"右派",已予改正)。就在工作性质相似的一个部,当时揪出的"右派"140多人,由于"反右"运动在全国范围严重地扩大化,我在这里不是想责怪谁,而是想说明观澜坚持实事求是这一思想原则的勇气。

在相当长时期,有人说观澜是"长期右,一贯右"。他并不很在乎。从三中全会确定的路线、方针、政策来衡量,这个"右"和"左"的争论已经不难有正确的答案了。

(二)

观澜同志也是一个不怕挫折、一贯保持革命乐观主义的人。

"文革"一来,观澜便被某些人定为"死不改悔的走资派"。戚本禹说:"王观澜我不保,你们打出来看。"康生于1967年"指示":要开大会斗6次。第二次斗争大会,是同彭真同志一起被批斗的,"坐喷气式",嘴角被打出血(观澜去世后,彭真同志来医院在遗体前低头默哀,长时间站立不走,我能理解彭真同志的悲戚心情)。几十次的"被打翻在地",多少学校轮流批斗,脊椎受伤,以及全国范围的混乱,观澜一再叹息:"三年困难时期过去了,现在刚刚恢复,又来了。"但他始终保持着对党和革命的信心,没有消沉。在"靠边站"期间,人们经常可以见到一个中等身材、两鬓斑白的老人,每天清晨沿着从马连洼到颐和园的公路长途步行。他不跑,但一步一个脚印向前走。这就是当时"被打倒了"的观澜。他写的"检讨"总是难以通过,但他仍然和群众一起参加劳动,一起啃窝头,他也很少向儿女们发泄不满,怕他们政治阅历浅而产生别的念头。1971年,周总理三次指名要把观澜放出来工作,参加国务院业务组,和王震同志一起抓生产。当时,对下面送来的定观澜为"死不改悔走资派"的材料,总理一条条批驳,说:"王观澜是好同志。有错误可以批评,不能打倒。"1974年春,"四人帮"借"批林批孔"把矛头指向周总理,观澜私下写了一首打油诗:

青山绿水迎春游,万水千山一叶舟。

惊涛骇浪心弦战,白天作梦骂孔周。

在逆境中,观澜从我们党的许多老同志身上汲取着力量和信心,从他们身上看到我们的党是难以被搞垮的。正是因为总理的多次指示和关怀,观澜在"文革"前期才能幸免于难。1972年4月13日,周总理在陈正人同志的追悼会上见到观澜,十分激动,热情地握住双手说:"身体不错吧!没有浮肿吧!能工作!能工作!能工作!"并随即指示解决我们的住房。总理病重期间,观澜从邯郸视察回来,准备写书面汇报,总理说:"不要写了,节省精力。"观澜怎么能不懂总理当时的心情、处境和用意呢?!总理去世后,观澜一个人坐在房里,关着灯,沉默不语。他心潮翻腾,忘怀不了总理对他的无微不至的关怀:1953年,观澜进行胃切除手术,总理每天看医院的汇报,有一次,报告中把体温的数字写错,总理当即复览并打电话询问。叶剑英同志在京西宾馆一次会上偶然碰见观澜,特别高兴,开玩笑地

革命先驱

说:"我以为老兄早已不在人世了。"

观澜经过长征后,身体就比较虚弱,再加上他工作起来不注意休息,一生中几次重病不起,7次遇到危险。习惯于紧张生活的人,要安下心来休养,也非易事。毛主席亲自手书的"既来之,则安之"那封著名的关于治病方针的信,就是在延安时"书之以供王观澜同志参考"的。病魔几次差一点把观澜拖走,但每次他都以旺盛的革命意志战胜了它。

"四人帮"覆灭后,观澜十分兴奋,但是谁也没有料到,"四人帮"的那一套极左遗风竟把我卷了进去。那份所谓我和江青"勾结""包庇"江青的"叛徒历史"、写证明让她混入党内的材料,竟是用不正当的手法制造出来,并上了文件的。这一新的冤屈,使观澜和我都陷于痛苦之中。当时三中全会尚未召开,真正的、全面的拨乱反正尚有阻力,陈云同志亲自约观澜面谈,希望我们要有耐心。只是在三中全会以后,我2年多的冤狱才得以平反,不实之词才将以推倒。胡耀邦同志于1月17日下午到医院探望处在半昏睡状态的观澜同志时,亲切地对我说:"不要难过,这几年你受苦了!"我当时哽咽地回答:"感谢党中央对我的关怀。"耀邦同志握着我的手,响亮地说:"这事过去了!过去了!你要保重。"观澜逝世后,彭真、万里、宋任穷、胡乔木、古牧、刘澜涛、李维汉、康克清亲自到医院向遗体告别,胡耀邦、李先念、徐向前、邓颖超、余秋里、方毅等同志都打电话向我和我的子女表示哀悼和关怀。陈云同志托秘书打电话来向我表示慰问。老同志的真挚战友之情,倘若观澜地下有知,也会感到宽慰;也使我在精神上得到极大的支持和鼓舞。

人死不能复生。但观澜的一片丹心,将长留在我的记忆中。

且向百花头上开

十九岁的年华意味着什么？

在和平年代，十九岁的女孩，大多还在大学里念书，放假回家则享受着父母的关切与宠爱，如含苞待放的娇蕊，美好的人生才刚刚开始。但在战争年代，十九岁，也许是一个女孩戛然而止的一生，人生自此终结，花儿还来不及绽放，就殒逝在狂风暴雨之下。

郭凤韶

十九岁的郭凤韶也许没有想过自己的人生如此短暂，她还刚踏上追逐理想的道路，以为未来有着无限的可能。然而她也可能已经设想过无数次的死亡，因为在她生活的年代，未来向往光明却充满了不确定性。家国危难之际，生命是不可预测的。

1911年，辛亥革命爆发，推翻了清朝封建腐朽的统治，结束了两千多年的君主专制制度。出生在这样的时代背景下的郭凤韶，注定不会有安宁的人生。

郭凤韶，1911年9月11日生于浙江省临海县。父亲郭松垞曾是同盟会会员，参加过辛亥革命，善于书法。母亲李咏青是当地著名

革命先驱

画家李藻的女儿，曾就读于女子高等小学堂，思想开明，能诗善文。凤韶这个名字，源于李咏青生产当日下午的一个梦。她梦见一只灰色的凤凰环绕着月亮不停飞舞，这是一只雏凤，身上的羽毛尚未长齐，却用力挥动着稚嫩的翅膀，露出白色的皮肤，一圈又一圈地绕月而飞，直至汗如雨下……梦醒后，李咏青便开始腹痛，随后产下一个女儿，便取名为凤韶，"韶"是临海方言"绕"的谐音，意为凤绕月而飞。

钟馗捉鬼图（郭凤韶的画）

郭凤韶是家中老大，下还有弟妹四个。童年时，因父亲常年在外，她虽于七岁时就入私塾读书，却因时常要照顾弟妹，帮助母亲打理家务，十二岁时不得不中断学业，于台属联立女师附小肄业，幸而后又入县立尚文小学，十五岁毕业。读书时期，也许是受外公与母亲的影响，郭凤韶的画技尤为突出，项士元先生曾评价她的画"近似外祖之笔"。

进步、民主的家庭氛围，造就了郭凤韶从小就立志要反封建迷信，心怀拯救祖国和民族的志向。她敢于斗争的英气，在很小的时候就已经显现出来。郭家的邻居是一家姓林的盐商，家境颇丰，无奈年过五十仍无子女，便用旧时"点水面"（租妻）的方式接了一位名叫阿香的年轻农妇来家。起初林家对阿香还不错，但过了一年,阿香仍未有孕,林家对她的态度便开始转恶,打骂是常有之事。郭凤韶每见于此,都很为阿香不平。她对阿香说,现在形势不同了,已不允许蓄婢纳妾,鼓励阿香回到自家去。林老太风闻,便时常与李咏青吵闹。咏青是个温顺女子,哪里经得住林老太的冷言冷语?郭凤韶得知,便站在院中大声警告林家,要是再虐待阿香,就拉他们到大庭广众下去说理,不然就告到法院也不怕。商人最怕上衙门吃官司,又知郭凤韶是"风俗改良会"成员,会中都是敢作敢为的青年人,在城里很有威信,只得低头赔不是。阿香也在郭凤韶的鼓励下回到了农村家里,但不久她又回到郭家。原来家中穷得没饭吃,丈夫待她也不好,她在家里也是走投无路了。郭凤韶便说服母亲留下了阿香,后又帮她在恩泽医局找了一份工作,使她得以自力更生。

十三岁那年,郭凤韶黄岩的表姐管启蕴来临海吃喜酒,表姐妹见面格外亲热。不过,郭凤韶看到管启蕴穿着花哨又繁复的衣服,身上戴着许多金首饰,还是旧式的做派,便笑眯眯地对表姐表示,这样的穿戴很不舒服,临海的女孩子都不戴这些了。听说表姐读完初小后就在家做女红,她又劝说表姐要继续读书,接受新思想、新文化。她带着管启蕴参加进步活动,后又协助其回到学校读书。在此期间,管启蕴结识了一批进步青年,走上了革命道路,她是黄岩本地的第一名女共产党员。

郭凤韶手迹(1)

1925年,郭凤韶考入台属联立女子师范学校,并加入了以"努力读书,改造社会"为宗旨的进步组织乙丑读书社,经常参加读书社组织的爱国活动。1926年,表现出色的她加入了中国共青团。

然而,"四一二"反革命政变后,国民党右派下令查封乙丑读书社,反动当局在城内大肆逮捕和屠杀共产党人和读书社成员。有人劝郭凤韶退社退团以自保,她立场坚定,表示绝不背叛信仰,豪气地说:"革命是我的第一生命。要革命就要有牺牲,杀头都不怕,坐牢更何妨。"

但临海的斗争环境日趋恶化,郭凤韶与几位进步同学都成了逮捕对象,她不得不避走外地,于1928年夏转移到了普陀县朱家尖的表姐孙儒珍家中。孙儒珍当时任朱家尖大古塘小学校长,郭凤韶即在该校任教。

朱家尖是一座海岛,交通不便,郭凤韶在这里任教的一年时间,可说是她人生中少有的轻松愉快的日子。她到学校后,发现当地风气闭塞,在校读书的女孩子仅二十余人,多数女孩都在家中,或是做工,或是家务。她便动员了一些女学生,一起到岛民家里家访,传播新文化、新思想,劝说家长将子女送入学堂读书。一次不成,她也不气馁,第二次、第三次,照样热情上门,真诚劝说。很快学生就增加到四十多人。其间,她发现少数女生还在缠足,她又专门去向家长说明缠足的害处,教

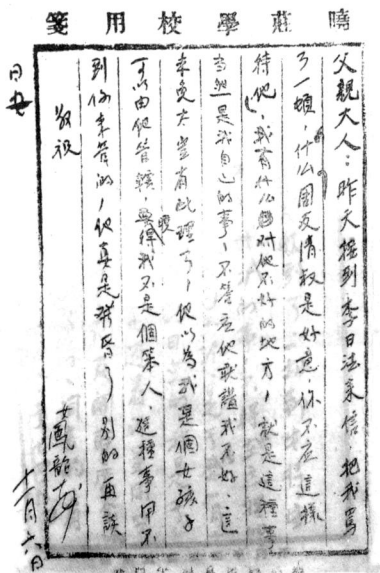

郭凤韶手迹(2)

孩子们唱自编的《放足歌》。这位年轻的郭老师,很快就受到了岛上百姓的欢迎,当地的风气也有了很大的进步。

郭凤韶在大古塘小学任教音乐、体育、图画等课程。图画是她的长门,教唱的歌曲则都是《渔光曲》之类的进步歌曲。体育课她就带着学生们去学校附近的乌石塘活动。乌石塘长约半里,铺着很多的鹅卵石,郭凤韶就带着大家在石子上跑,她说在石子上跑步,一来可以练脚底,二来可以练腿劲,三来还能练忍耐,很有好处。天气好时,海面平静,她又让学生用石子在海面上打水漂,锻炼腕力。休息时,大家就坐在海滩上,欣赏天海一色,讲讲故事,说说笑话。每次上体育课回来,大家非但不觉得累,反而觉得轻松愉快。这样寓教于乐的教学,使得学生们都很爱与郭凤韶相处,她也乐于和大家打成一片,有时学生放学回家要放牛放羊,她还会跑去帮忙。

1929年,同学徐明清告诉郭凤韶,陶行知先生在南京创办的晓庄学校,是一所新式学校,革命氛围浓厚。她动员郭凤韶去那儿继续求学,共同寻找正确的革命道路。郭凤韶欣然应允,遂邀临海同学包玉珍一起,赶赴南京考取入学。

晓庄学校的生活条件虽然艰苦,但新鲜的空气、活泼的气氛很快吸引了郭凤韶。大家见她多才多艺又率真坦荡,都想接近她,其中不乏有人在试探她的政治观点。不过,郭凤韶没有任何思索与犹豫,便向校内的共产党员叶刚、石俊等靠拢。他们常利用课余时间下厂、下乡宣传,参加各种社会活动,1930年,郭凤韶加入了中国共产党,还担任了党小组长。

在晓庄,郭凤韶与来自象山南田的叶刚有着许多共同话题,叶刚曾在临海回浦学校读书,与临海的一些进步青年都熟悉,他们经常一起参加活动、交流想法,互相鼓励、互相帮助,渐渐萌生了革命情谊。后来,叶刚随晓庄学校党支部书记刘季平到中共南京市委宣

传部工作后,郭凤韶又担任起中共南京市委地下交通员,经常只身往来于南京市委和晓庄学校之间,传递党的文件和指示。

1930年4月3日,南京下关和记工厂发生英国资本家枪杀中国工人的惨案,即"四三惨案",引起社会强烈抗议,群情激愤。中共南京市委组织了南京十多所学校的六百多名师生举行示威游行声援工人。晓庄学校的师生也成立了"四三惨案"后援会。当时担任反帝自由大同盟女工委员会委员的郭凤韶,站在战斗的第一线,负责联络各大中学校,组织全市学生进行游行示威。示威时,她站在前列,高呼口号,并与返校参加斗争的叶刚等同志到处奔走,散发传单,为工人募集救济金。

但这场示威活动触怒了反动当局,五天后,晓庄学校被武装查封。4月20日,军队进驻学校,校长陶行知被通缉,学生被驱逐,叶刚、石俊等共产党员先后被捕。6月22日,南京地下党又发动了一次规模巨大的夫子庙示威行动,郭凤韶积极参加散发传单和张贴标语。面对敌人的搜捕,她机智沉着,最后化装脱险。然而,随着镇压的力度加强,晓庄的环境愈加恶劣。7月,反动当局对晓庄实行了清乡行动,陶行知先生不得不避走日本,学生四散。郭凤韶与徐明清等人转移到了江苏无锡乡下,在新犊桥小学以教书为名隐蔽了下来,继续为党工作。

入秋后,靠近长江的无锡已经是寒风瑟瑟,可郭凤韶、徐明清她们身上穿的却还是单薄的夏衣。因为衣物书籍等都还留在晓庄附近的群众家里,徐明清遂向组织申请去南京,一是要去打探南京的消息,想办法营救被捕的同志;二是为同志们取回冬衣及行李等物。

征得组织同意后,徐明清即买船票动身,郭凤韶前去码头送行,一路上劝说徐明清,南京之行应由她代去。一则徐明清是骨干人物,还有许多重要工作需要她;二则她也想去南京探听一下叶刚等被捕同志的消息。但徐明清考虑此行的危险性,不肯答应。一路上,二人谁也说服不了谁。到了码头,就在船要起航的时候,郭凤韶趁徐明清不备,抢了她的船票,将她猛推一把,自己跳上了船。等徐明清站起身来,船已经驶离了码头。

不承想,这一别,竟是两个同乡战友的永别。

郭凤韶刚到南京,就被晓庄学校的同学余仲篪盯上了。其时,余仲篪已经叛变,成了特务,但郭凤韶并不知晓,还向他打听南京的情况。余仲篪佯装关心,表示南京现在的情势非常紧张,郭凤韶是被列入逮捕名单的人,千万不可久留,不如先去上海;至于放在农民家中的衣物行李,可由他待风声稍缓后取出送到上海。

郭凤韶不知有诈,便同意了余仲篪的提议。到了上海,她借住在吕班路吕班坊高歌家中。高歌是一名作家,他的爱人与郭凤韶、徐明清都是朋友。一日,郭凤韶外出归来,得知有南京晓庄学校的同学来找,并留有一张字条,写着铺盖已取,请到某某旅馆去拿。郭凤韶不疑有他,便去往旅馆。谁知一去就被埋伏已久的特务抓捕。

郭凤韶入狱后,始终没有对敌人透露任何消息。她预感到自己的生命将走到尽头,便对同室狱友说:"如果见着一冰(即徐明清),请让她转告我妈妈,我死后,她老人家不要为我太伤心,应该为我感到自豪和欣慰,因为,她女儿是为中国的正义事业而死,死得其所。"这样不屈不服的态度,招来的是国民党更加残忍的毒打,她常被打得遍体鳞伤,血肉模糊,但即使被打得昏死过去,醒来后仍马上高呼口号,更凛然怒斥敌人:"我知道的中国人,除了你们这一小撮坏蛋外,其余都是好的,都是要革命的,他们中间最好的先进分子就是共产党员。你们想要用逮捕、屠杀消灭他们吗?是不可能的,是做梦!革命一定要胜利!"一位国民党高官事后表示,郭凤韶从被捕到处决,时间很短。她那么年轻,却那么勇敢,虽然与她信仰不同,但

对于她的表现是深为佩服的。

1930年9月26日,郭凤韶在南京雨花台英勇就义,年仅十九岁。

据郭凤韶的表姐孙儒珍回忆,1930年秋,她接到姨母李咏青来信,得知郭凤韶被捕的消息,便即刻从杭州动身去往南京。当她找到在南京警察厅督察处当处长的同乡李进德,希望他帮助营救时,却被告知郭凤韶已于昨日处决。李进德告诉孙儒珍,审办人员对他说:"你的贵同乡真了不起,为男子所不及,审问时昂首挺立,威武不屈,无论怎样问,她都闭口不言。任你用种种酷刑,打得死去活来,满身血污,她都不出卖别人。问她晓庄有多少共产党,她说'不知道',再问下去,要么说'都是',要么说'都不是',绝不可能在她口中得到线索。临刑时,视死如归,巍然挺立,大呼'中国共产党万岁'不止。一种坚强不屈,大无畏精神,使刽子手们都震惊不已。"

红梅图(郭凤韶山水画之一)

100

"革命是我第一生命",这是郭凤韶一生无悔的追求。她把革命的信仰一直坚持到生命的终结。1949年后,雨花台烈士陵园塑立了烈士雕塑群像,其中女学生的形象就是以郭凤韶为原型。雨花台烈士陵园史料陈列馆中也保存了郭凤韶的部分遗物,其中一幅题为《且向百花头上开》的红梅图,系她亲手绘作。

　　人的一生只有一次青春。郭凤韶的青春还没来得及结束,人生已赶在前头先结束了。回想李咏青那个下午的梦,似乎是一个预兆。郭凤韶这只灰色的雏凤,将她激情奋斗的青春,顽强拼搏的青春,献给了党,献给了人民,这样闪耀的青春,虽短暂,却无悔。

郭凤韶(右二)与同学合影

革命先驱

附：

母忆韶儿

郭凤韶十五岁入乙丑读书社，是共产党领导的组织。她爱劳动，后园蔬菜花木等均是儿亲手栽种。当时同韶儿一道做党的工作有李敬彬、蒋婉仙等，常在我家朝东楼上开秘密会议。

当时家中生活困难，弟妹众多，她是长女，在校读书时，休息时间均为弟妹缝鞋补袜，放学回家帮助料理家务，往往于夜间洗衣服，从不叫苦。

年十七岁初中毕业，当年即去朱家尖岛大古塘小学教书一年。十八岁到南京晓庄学校读书，兼做党的地下工作。常出外宣传，并在电影院中趁电灯熄灭时分发传单。晓庄校址在南京郊列，周围都是农民，生活十分艰苦，凤韶常参加他们劳动，教他们识字读书，宣传革命道理。她在晓庄读书时兼做党的地下工作，任何艰巨任务勇于担当。廿岁下半年八月底从上海至南京火车中被特务盯梢（该特务原是晓庄同学），回沪时即被捕，解至南京市伪卫戍司令部，用尽酷刑，逼问同党何人？她说仅我一人，其余死不招认。打得体无完肤，白衣进，红衣出，结果在雨花台壮烈牺牲，临刑时骂国民党狗官僚，高呼共产党万岁。被捕后受刑牺牲情形，为当时国民党伪官方乡人知内情者传出，凤韶如此坚贞不屈，守口如瓶，真是了不起的共产党女英雄。

李咏青

1951年

哭凤韶女（李詠青）

噩耗传来痛断肠，掩门不敢动悲伤。

凄凉鬼魅欺凌甚，革命牺牲姓氏香。

哭韶姐（郭凤林）

忆昔灵江送别行，云帆初挂夕阳明。

萧萧风送轻舟去，一别天涯两地情。

一别天涯两地情，音书无复雁空鸣。

登楼目断千山路，云海迷茫万里程。

云海迷茫万里程，终宵无寐忆长征。

凄凉风雨萧萧日，噩耗惊传恸哭声。

噩耗惊传恸哭声，此身甘为国牺牲。

芒鞋踏遍金陵土，何处荒坟认烈贞。

何处荒坟认烈贞，千般怨恨泪痕倾。

那堪白发高堂母，月冷灯昏哭石城。

太蔟震越凌高空

从台州府城的朝天门走进去,是旧时的迎春坊。明朝戚继光抗倭,台州是主战场,台州卫就设在此处,附近有卫前街、五所巷、西营巷等。从这些街巷的名字,就可以感受到军队的整肃之气。如今,金戈铁马已消散在历史中,街巷也几易其名,只有五所巷还静静地藏在曲曲折折的深处。

新中国开国少将朱虚之,就出生在五所巷。

1912年2月,农历壬子年正月的一天,住在五所巷的朱福皆喜得第四个孩子,朱家是书香人家,他希望这个孩子也能以文成才,于是便给他取名文麟(亦作文林)。

朱福皆的弟弟朱福坤是城里有名的塾师,在家中办有私塾。朱文麟的童年就是在四叔朱福坤的私塾里度过。少年朱文麟人如其名,心智早慧,敏而好学,跟其他爱玩闹的学童相比,他总是更愿意把时间用在温书上,这让父亲与四叔都感到很欣慰。

朱虚之

1926年，朱文麟考入省立第六中学，革命时期，该校经常发生学潮，后又一度迁址葭沚，朱文麟只得转至回浦学校继续学业。然而在回浦初中第四期毕业后，朱文麟陷入了对未来的迷茫之中，国家动荡，百姓流离，乱世之下安有完卵，读书人何以作为？

1930年，兄长朱文彪从南京返乡，他见弟弟在家无所适从，便问："你愿意随我去南京吗？"朱文麟答道："只要有书读，去哪里都可以。"就这样，朱文麟收拾了些简单的行李，跟着哥哥朱文彪去了南京。他没有想到，这一走，他再也没能再见父母，而他跌宕起伏的一生，也从离开临海的那一刻起就开始了。

理想在现实面前总要碰壁。虽然在哥哥的帮助下，朱文麟得以进入南京钟南中学读书，但朱家并不富裕，一学年五十大洋的学费对兄弟俩来说是个天文数字。因为交不起学费，朱文麟不得不中途辍学，为了尽快找到工作，贴补家用，他进入陆海空军总司令部军事交通技术交流所学习无线电技术，成为三期生（通信学校第三期、黄埔军校第八期）。

1931年4月，朱文麟被召进毛炳文率领的国民党第八师，随军到江西参加第二次"围剿"红军。红军方面因为截获了国民党公秉藩第二十八师师部电台的信息，提前进行战斗部署，占据了有利地形，在一番激烈战斗后，成功粉碎了国民党军的第二次"围剿"。在这次反"围剿"中，红军缴获了国民党军三部电台，以及电台技术人员，其中就有十九岁的朱文麟。

当时，红军的无线电技术还处于刚起步阶段，非常重视无线电人才。来找朱文麟谈话的，是比他小四岁，却已经是红军特务营政委的萧华。两个年轻小伙子之间的谈话，没有因为身份不同而充满火药味。萧华问朱文麟："你为什么参加国民党？"朱文麟回答说："上不起学，要赚钱留活路，当时在南京，只能参加国民党军队。"萧

华问:"你愿意加入红军吗?"朱文麟反问:"红军是什么样的?"萧华回答:"红军都是穷苦的老百姓,我们出身于老百姓,也为老百姓打天下。"朱文麟回答说:"我也是穷苦出身,我愿意加入红军。"

就这样,朱文麟成了红军队伍里的一名通信兵。后来,由于林彪戏言,文麟(林)、文彪加起来正是林彪之名,朱文麟遂改名为朱虚之。

第二次反"围剿"刚结束一个月,国民党就调集了三十万兵力,以何应钦为前线总司令,对中央苏区发动了第三次"围剿"。在第三次反"围剿"战斗中,红军无线电台首次在实战中发挥了作用。电台报务员截获并破译了何应钦用"专密"发给各路部队的急电"……限10日内扑灭共军"等三百二十四字作战部署命令。敌人的作战方案全部暴露,红一方面军主力主动突击,三战三捷。随后,根据红一方面军总部部署,红军各方面主力配合攻击,歼敌约四个团,敌师长毛炳文率残部败退而去。在这场战斗中,朱虚之与战友从毛炳文师部中查出敌第一路讲击军总指挥在战前几小时发给毛炳义的一份紧急电报,使得敌人的第三次"围剿"的迅速失败。

1933年初,红军取得第四次反"围剿"胜利,并俘获国民党第五十二师师长李明和第五十九师师长陈时骥。鲜为人知的是,陈时骥被俘获,这里面还有朱虚之的功劳。

2月27日,在黄陂伏击战中,敌五十九师师长陈时骥下落不明。战斗结束后,红一军团无线电二十分队队长海凤阁、副队长朱虚之带着队伍下山,宿在了一个村子里。第二天早上,勤务员准备上山找些吃的,突然发现在山上躲了一夜的敌军残余正要逃散,马上大喊歼敌,在附近红一军团警卫连的增援下,迅速俘虏了这批散兵,警卫连带走近四百名俘虏,剩下的一百多名俘虏则集中在无线电分队临时看管。

朱虚之发现，俘虏中有个勤务兵身上带着一支"派克"钢笔，这样的"奢侈品"不可能属于一般的勤务兵。朱虚之问他："这支笔是你的吗？"对方答道："这是师长的笔。"朱虚之马上追问他师长在哪，勤务兵告诉朱虚之，师长是个麻子脸，就在这群人里面。朱虚之马上把这个情况向海凤阁作了汇报，他们在俘虏中找到了那个"麻子脸"。在海凤阁的盘问下，"麻子脸"支支吾吾，不肯正面回答。站在一旁的朱虚之冷不防问道："你是陈时骥，是国民党第五十九师师长，对吗？"一句话让"麻子脸"脸色突变，整个人迅速泄了气，不得不承认了自己的身份。

部队回到后方召开祝捷大会时，无线电分队智捉敌师长的消息，很快就传开了。朱虚之也因在几次反"围剿"战斗中，屡立战功，赢得了党和人民的信任。1933年5月，在政委钟夫翔等人的介绍下，朱虚之加入了中国共产党。

1934年10月，由于第五次反"围剿"失利，红军不得不开始战略转移，即长征。红军总参谋长刘伯承曾说，没有通信联络，就谈不上军事指挥。红军长征，是一次全局性、大规模、长距离的战略转移。在这样特殊复杂的军事行动中，无线电通信对夺取长征胜利起到了十分重要的作用。作为随军长征的通信第六分队的队长，朱虚之也踏上了长征之路。

在长征途中，通信分队在四渡赤水等战役中，都发挥了独特的重要作用。在行军途中，为了确保联络畅通，无线电器材成了无价之宝。每天翻山越岭，行军打仗，不管是风雨交加，还是大雪纷飞，电台报务人员一到宿营地，就架台工作。先后担任红九军团电台分队队长、红一军团无线电一中队中队长的朱虚之，将无线电器材和通信兵看得比自己的性命还重，他凭着坚定的革命信念和模范行动，带领大家排除了千难万险。1935年10月，红一军团跟随毛泽东

革命先驱

胜利地到达陕北。在吴起镇召开的干部大会上,军团首长对无线电队的工作给予了高度评价。

1937年,全民族抗战爆发,国共两党达成协议,将中国工农红军主力改编为国民革命军第八路军(后改称第十八集团军)。朱虚之任八路军总指挥部(前总)无线电大队副大队长兼一分队队长(海凤阁牺牲后,朱虚之任前总通信科科长兼无线电大队大队长),负责与中共中央、中央军委、中央派驻南京的办事处和一一五师、一二〇师、一二九师及各旅旅部的联络,还与国民革命军个别战区司令长官公署联络。在平型关歼灭日寇板垣师团第二十一旅团一部一千余人的战斗中,他指挥一分队将电台架在五台山顶上,使朱德总司令的指挥所与一一五师林彪师长的电台保持不间断的联络,为战争胜利发挥了巨大的作用。

此后,朱虚之被编入山东纵队,任纵队政治部直工科科长、组织科科长,鲁中军区政治部组织科科长。当时正是国共摩擦与反摩擦斗争最为尖锐的时期,他边学习边战斗,积累了政治工作经验,带领部队顺利完成了作战任务。

1943年7月,朱虚之离开鲁中军区,年底到了延安,先是在中央党校二部学习,后又转到一部。1945年4月,七大召开,他作为山东代表,参加了这次"团结的大会,胜利的大会"。此后,朱虚之结束了在延安党校的学习生活,被编入去江(苏)浙(江)的干部队,日本投降后,中央令江浙干部队转赴东北工作,于11月初到达锦州。朱虚之任东北人民自治军(后改称东北民主联军、东北野战军、第四野战军)总司令部通信联络处政委,并参与筹建了东北军区通信学校。第四野战军入关进军到武汉后,朱虚之一直在武汉工作到全国解放。

1949年11月11日,人民空军正式成立,刘亚楼任司令员,萧华任政治委员。随着现代军事科学技术的发展,加之抗美援朝战争打响,人民空军的通信工作亟须加强。四野老参谋长刘亚楼想到了朱虚之,恰巧萧华正是朱虚之参加红军第一天与他谈话的人。二人向朱虚之表达了希望他加入空军的意愿,出任空军司令部通信处处长。

1951年3月15日,由中国人民志愿军空军和朝鲜人民军组成的空军联合司令部成立。以东北军区空司通信处为主,调集各地通信人员和器材,组成了保障空军联合司令部作战指挥的通信兵部队。朱虚之不负重托,在任职的一年多时间里,他克服了人员配备不足、通信器材缺乏等情况,坚持"边打边建,边打边练,在战斗中锻炼成长",圆满完成了通信保障任务。

1953年10月,在老首长、总干部部部长罗荣桓元帅的领导下,有丰富组织工作经验的朱虚之担任了空军干部管理部第一副部长(1956年6月至1959年10月任部长),在空军干部管理岗位上一干就是七个年头,并且取得了在空军内外上下有目共睹的崭新业绩。也是在这一岗位上,朱虚之被授予空军少将军衔。荣获二级八一勋章、二级独立自由勋章、一级解放勋章。定为行政七级。

1960年1月1日,国务院总理周恩来任命朱虚之为空军技术部政治委员。朱虚之迅即到职,从那天起,他就全身心地投入到地空导弹部队(五四三部队)的建设中。

时任东北人民自治军总司令部通信联络处政委的朱虚之

1960年4月,原空军技术部部长成钧离任,部长一职暂缺,次年3月,朱虚之兼任部党委书记,全面主持工作。不过,由于工作的保密要求,朱虚之的家人从来不知道他具体从事什么样的工作,尤其是到技术部后,本就含蓄内敛的朱虚之在家中更是只字不提工作,搞得夫人曲明和几个孩子既不敢问,又难安心。

朱虚之任空军高射炮兵指挥部政委兼党委副书记时,正是中苏关系恶化时期,地空导弹部队建设陷入低潮,可谓临危受命。怎样度过这个艰难时期,是他在一段时间里反复思考的问题。当他向刘亚楼提出了一系列的想法时,刘亚楼当即赞同,让他放手去抓地空导弹部队建设,逆势而上,早日实现党交给的光荣任务。

1962年1月,国民党空军使用美国"送"的U-2飞机恢复对大陆的纵深侦察。此前,国民党RB-57D高空侦察机被我军地空导弹击落后,台湾当局和美国都很震惊,一度未敢再对大陆进行战略侦察。在半年时间里,U-2飞机先后十一次窜入大陆,侦察活动十分猖獗。经过多次研究部署,8月27日,朱虚之受命带领地空导弹第二营至南昌设伏,由于敌机久久未动,朱虚之提议军演诱敌,敌机果然中计。9月9日,第二营在朱虚之指挥、岳振华实施下,成功击落U-2飞机。这场史无前例的重大胜利,震撼了整个中国和世界。时隔一年后,第二架U-2飞机也被第二营击落,并收获了机上至关重要的预警装置"12系统"。

1966年5月,原空军技术部(地空导弹部分)分出独立,成立空军第二高射炮兵指挥部,直属空军首长领导,朱虚之任空军第二高射炮兵指挥部政委,后兼任党委副书记。这些年里,朱虚之的履历表上职务多变,但办的事情只有一件,那就是用地空导弹把敌高空侦察机"揍"下来。他的"高射炮"最多时为十六门,每门"炮"由一个营(实为一个团)来操作,先后击落U-2五架,击落美国军用无人驾驶高空侦察机三架。

我国地空导弹部队与台湾地区国民党空军U-2高空侦察机之间的作战,是世界上最早的高空电子战。朱虚之在其中发挥了举足轻重的作用,成为地空导弹部队当之无愧的"领头雁"。他既研究对付敌人的办法,"魔高一尺,道高一丈",创造了近快、更近快、超近快战术,反电子干扰、反反电子干扰;又要研究对付自身缺失的办法,勤于总结失败的教训,做深入细致的思想政治工作。

1969年9月,朱虚之出任空军副参谋长,是空军参谋长和四位副参谋长中仅有的老红军、老将军。为对历史负责,他特意撰写了两万多字的《六十年代中国地空导弹部队成长纪实》一文。这份《纪实》是朱虚之晚年心血的结晶,最初成稿于1989年,未定稿于1991年10月印出,最后定稿为1994年5月,前后历时五年。

朱虚之从1931年离开临海后,仅在1950年因到浙江工作时回

朱虚之故居五所巷一角

过一次老家。他回到五所巷老宅住了一个月左右,几乎没怎么出门,大部分时间与家人一起,偶尔接待客人。这之后,他就再没有回过临海,但家乡时时在他心中,愈到晚年,思乡之情愈切。20世纪90年代,临海数次遭受洪灾,朱虚之得知后,十分焦急不安,写下"唯望家乡父老兄弟姐妹们身体安全无恙。并望在可能情况,协力同心,逐步恢复学校的教学事业,恢复家园,生产自救。至盼。"

2000年11月8日,朱虚之在北京逝世,享年八十八岁。

附：

爷爷和我

朱　珠

爷爷生了四个儿子，其中三儿又生三子，只有我爸爸生了我，于是我便成了朱家两代唯一的女子。我从小也因此不自量力地认定我是爷爷最最宠爱的宝贝。

爷爷对我的影响从出生那一刻开始。

爷爷少小离家，直到1950年才回去过一次，但家乡的一切从没有离开他的生活。虽然常年居住在北方，家里却也种植了很多南方的花草。比如，他有一盆荷花，由于气候的原因这盆荷花几年没有开出一朵，而就在我出生的那天早上，"铁树"冒出了一枝亭亭玉立的花骨朵。爷爷说，我是荷花仙子，于是想给我取名"晓荷"。然而在这朵小荷花横空出世之前，爷爷其实已经给我想好了一个名字"继征"，顾名思义"继续长征"，可见无论是长征还是我的出生对于爷爷的意义。而最后三叔的提议得到了全家人的共鸣，于是我得名"朱珠"，意思是朱家的掌上明珠。然而"晓荷"仍使我后来在娱乐圈闯荡的过程中时刻坚持心中的净土，不忘初心，"出淤泥而不染"。而"继征"注定我奔走世界，不惧远方。

我刚出生不久爷爷就送给我一架钢琴，这在当时的中国是非常昂贵的礼物。而这架钢琴让我的生命和音乐与艺术结下了不解之缘。

还有我的饮食习惯：我的奶奶是山东人，山东人喜面食，爷

爷的江浙口味则偏爱米。家里的每一餐总要做两样主食。而我从小随爷爷的习惯，吃米。爷爷最爱吃鱼和豆腐，我也从小跟着爷爷吃鱼。我两三岁前，高度近视的爷爷会耐心仔细地把鱼里面的刺确保挑干净，然后给我吃鱼肉，三岁以后，我就开始学着自己挑刺，并从中获得无穷乐趣。后来上幼儿园，小朋友都不吃鱼，因为不会挑刺，于是每次吃鱼，大家会把鱼全都给我，我便吃得乐不可支。

上学以后，每到寒暑假我会去爷爷奶奶家住上一段时间。爷爷的生活极其规律，清晨五六点就起床了，先是站四十分钟到一个小时的桩，爷爷坚持练了几十年气功，非常注意养生静心。站桩完毕，便会在院子里照料一下他的花花草草，然后吃早饭，早饭几乎数十年如一日是鸡蛋、牛奶、粥或馒头，还有一

朱虚之和孙女朱珠

114

些小菜咸菜。早饭吃完，爷爷会去书房，看报读新闻，听听收音机，有时写写大字。我就跟在一旁，写作业或者看书，爷爷话很少，我也不吵他烦他，我们爷孙俩就静静地做着伴儿，自己忙自己的事。一天过后，睡觉之前，爷爷总要喝一碗糖水，里面有红枣桂圆枸杞和红糖等，通常都是保姆烧好了给他喝。我住在家里的时候，爷爷会亲自进厨房给我煮，第一次煮的时候，奶奶极为震惊，说我和你爷爷过了一辈子，他从来没有进过厨房。当时我小，没当一回事，现在回想，爷爷对我沉默不语却爱如珍宝的点点滴滴，心中总会有一丝伤感和怀念，但很快又会转化为力量。

就这样我年复一年地长大，爷爷也随着时间年复一年地老了……日子清淡如水，就像爷爷，谦谦君子，淡泊一切……

惭愧的是，爷爷去世多年以后，我才第一次来到他老人家的家乡临海。由马曙明老师带着我们一家，穿过千年的台州府城门，走过几乎和从前一样的老街，来到爷爷出生的地方，五所巷的故居和爷爷上学的地方回浦学校旧址的孔庙。而联结记忆最直接的也许还是味觉，当我吃到第一口这里烹饪的鱼时，我的眼泪不知从哪里唰地一下流了下来，其实并没有伤心，我甚至自己都还没来得及知道，是舌尖滑入了咸咸的泪水才发现我已经感动得哭了……这就是爷爷离家参加革命后，几十年如一日在遥远的北方想要找回的味道，家里的炊事员做了个大概，原来这才是原汁原味……这味道居然让我也有了归属感，带我回到了小时候，爷爷还在身边，用浓重的乡音教我挑鱼刺的场景，一阵剧烈的心痛和想念就这么被一口鱼汤击中，使我猝不及防。

爷爷从没有给我讲过什么大道理，他只是静静地示范给了

革命先驱

115

我生活的点点滴滴。他给了我钢琴，所以我的生活里有了音乐；他教会我挑鱼刺，所以我可以尽情地吃我最喜欢的鱼；他站桩修养身心，所以我也健身冥想尽量建立身心的平衡；他一生戎马，宠辱不惊，所以我学着在这个浮华纷乱的世界，仍然能闲看庭前花开花落，漫随天边云卷云舒。

我相信，爷爷一直在天堂看着我，守护着我，我也暗下决心，让他老人家为我骄傲。

兄弟同心利断金

　　鲁迅先生在评价"左联五烈士"之一的柔石时,说他有一种台州式硬气。台州式的硬气,是一股正气,是一种英气,是崇德厚文的台州府沉淀千年的精神底色。古有方国珍愤而反元起义,陈函辉自缢以身殉国,到了革命时期,更是代有人出,浩然正气续写了时代篇章。

　　家住临海城关宝成巷的张志纯(字镜潭,以字行)就是一位心怀大志、勇于抗争的铁骨男子。他是辛亥革命志士,曾参加光复杭州等活动,是当时江浙地区有名的民主人

张崇文

士。张志纯与夫人潘氏育有四子二女,出于反帝爱国之志,四个儿子分别取名崇道、崇德、崇文、崇章,号为平欧、福亚、振中、建华,以此激励儿辈既要有经世之才,放眼世界,又要心怀祖国,振兴民族。

　　长子张崇道毕业于燕京大学,曾先后任浙江实业厅科员,省政府建设股股长,浙江警备司秘书,缙云县秘书并代理县长。张崇道

在父亲的熏陶下,诗文才情俱佳,项士元先生对其评价极高,与父亲同列"章安七子之目"。遗憾的是,张崇道三十多岁在杭州病逝。

二子张崇德出生于1903年,自小性情坚毅,在杭州国民小学毕业后,又考入上海澄衷中学,怎奈读到毕业之年,实在因经济拮据,不得不退学就业。

张崇德

1924年,张崇德经人介绍,在教会办的江苏泰州中学任英文教师,但他不愿余生仅为谋食而教书,设法转入了于右任、邓中夏等创办的上海大学附属中学教英文,这份工作,既给了他谋生的保障,又使他得以借助有利条件继续学习。通过旁听、自学,他在大学部英文系肄业。其时,邓中夏聘请了一大批共产党员到校任教,利用上海大学为党培养人才。在瞿秋白、邓中夏、恽代英等无产阶级革命家、理论家的熏陶下,张崇德开始学习马列主义的基本理论,并积极投入革命活动,立下了为共产主义奋斗一生的宏志。

1925年,五卅运动爆发,上海大学、大夏大学等学校被英、美、意、法等国的海军陆战队占领。全上海民众罢工、罢市、罢课,抗议帝国主义屠杀中国人民。

身在最前沿的张崇德迅速投入到反帝爱国斗争中去,凭着有胆有谋,敢拼敢冲的表现,他很快成为上海学生运动的领袖之一,并加入了中国共产党。之后,张崇德受全国学生联合会委派,与张秋人等到杭州各大中学校进行巡回演讲,介绍上海"五卅惨案"的真相,组织学生会和各校同学罢课游行,声援上海,反对帝国主义对中国的侵略。

1926年7月,受国民党浙江省执行委员会组织部派遣,张崇德回到家乡,帮助筹建国民党临海县党部,并担任临海县组织员。完成组建任务后,张崇德回到上海。11月,上海大学浙江同学会举行常委会,张崇德被推选为委员长兼出版委员,发表了《告浙江人民声讨军阀书》。

1926年10月,张崇德参加为推翻军阀统治举行的上海工人武装起义,但因起义准备不足,工人队伍力量薄弱,起义遭受失败。1927年2月、3月,上海工人阶级先后举行第二次、第三次武装起义,张崇德依然是那个不顾个人安危、毅然积极投身其中的人。上海工人三次武装起义的胜利,打击了帝国主义和军阀的反动统治。但是国民党随即增兵上海,并发动了"四一二"反革命政变,到处搜查、逮捕、屠杀共产党人和工人群众。

由于上海形势急转直下,当时在杭州工作的张崇德、宣中华等人被列为抓捕对象。张崇德遂转移到武汉工作。7月,以汪精卫为首的武汉政府叛变革命,一部分已经暴露的党团员处于危险境地,中共中央决定把这些人员撤退到各地。张崇德与弟弟张崇文一起前往苏联莫斯科中山大学(后改名为中国劳动者共产主义大学)学习。张崇德被编在第一组(英文班)。他经常对人说,学好俄语,多读些马列主义书籍,将来回国后可以为党多做些工作,也可以在工作中少犯错误。

但是苏联并不安宁。彼时,以王明为首的宗派小集团正在大搞铲除异己、打击同志的"左"倾行径,并捏造"江浙同乡会"事件,包括张崇德在内的一批浙江的共产党人都遭到了诬陷与打击。

张崇德非常不满意支部局的"无情斗争,残酷打击"的宗派主义作风,经常发表一些批评意见,根本不怕支部局报复。他说,一个共产党员在国内工作,时常有逮捕、坐牢、枪毙的危险,我们都不怕,难道还怕他们报复吗?王明一派人对他深恶痛绝。1930年初,苏共清党时,王明一伙乘机下毒手,以"莫须有"的罪名将张崇德定为反党分子,开除了他的党籍,随后他被秘密逮捕,下落不明。

1937年四五月间,张崇德还有家信,说:"过着苦难的生活,但相信总有回国回家团聚的一天。"此后就再也没有任何消息了。父亲张志纯曾有一首《听苏音》:"儿曹何日聚家庭?今岁夫妻百廿龄。万里苏联战云密,吉星能否退凶星。"多年杳无音讯,也许张志纯早已料想到了儿子的结局。这样一首寄情诗,也许不过是父母一点不想面对残酷现实的寄望。

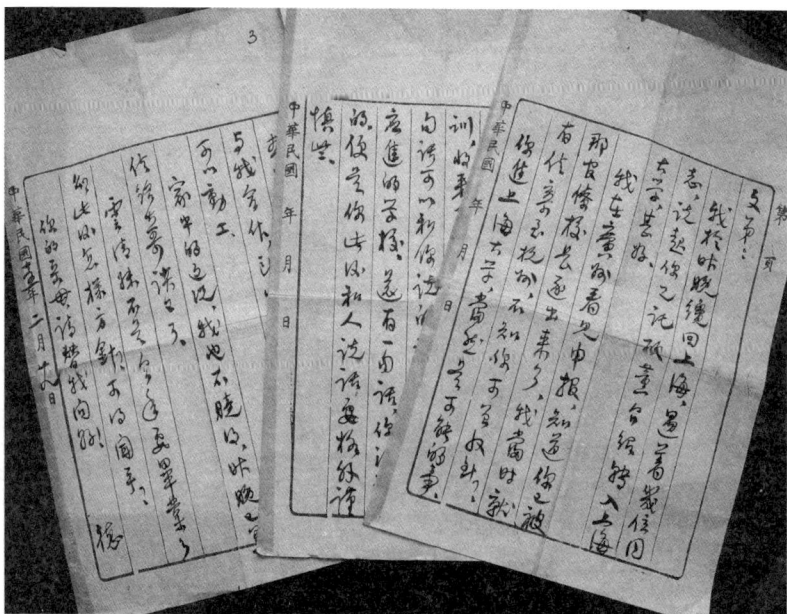

张崇德给张崇文的信

与张崇德一起出去斗争的,还有三子张崇文。

张崇文出生于1906年,小学毕业后,曾考入省立第六中学读书,后因家境贫寒而辍学。1923年,他考入浙江法政专门学校,为了减轻家庭负担,他找了一份学校藏书楼管理员的兼职,成为一名半工半读的工读生。

二哥张崇德的革命思想与爱国行动,深深影响了张崇文。1925年,上海"五卅惨案"发生,杭州学生奋起声援,张崇文立即投入斗争,他与二哥保持联络,及时了解上海情况,在杭州进行演讲、宣传,后当选为杭州中等以上学校学生联合会宣传部部长,还代表杭州参加了6月在上海召开的第七届全国学生代表大会。返杭后,因他组织参与反对校长禁止学生参加爱国运动的斗争,被校方开除学籍。

次年3月,经全国学联领导人李硕勋介绍,张崇文转到上海大学社会学系就读。彼时,瞿秋白为校教务长兼社会学系主任,二哥张崇德亦在该校工作。10月,经哥哥张崇德和同学戴邦定介绍,张崇文加入中国共产党。11月,上海大学党组织根据上级党的指示,提前放寒假,发动全体党员,分赴各地开展党的工作。张崇文被派回家乡临海。

12月,张崇文与返乡的上海震旦大学学生、共产党员张伯炘,广州大学学生、共产党员陈赓平联系,经过一段时间的酝酿与策划,在张崇文岳父杨哲商(辛亥革命时期牺牲)家中,简单而庄严地召开会议,成立了中共临海县特别支部,张崇文任支部书记,张伯炘、陈赓平任支部委员。中共临海县特别支部在组织上受中共上海区委领导。这是浙江地区在上海中共组织的指导下最早建立的十三个中共组织之一。

1927年1月,临海国民党县党部改组,根据上级"国民党有组织的地方,同志们一并加入"的指示,张崇文担任国民党临海县党部工

人部部长。同时,他按照中共江浙区委有关民众运动的指示,积极开展工人运动。他一方面大力发展工会会员,一方面在优秀工人中发展党员,推动成立了县总工会,并建立木匠支部和理发支部,促进了工会组织和工人运动的健康发展。

1927年,"四一二"反革命政变前夕,张崇文受命调往中共杭州中心区委工作,担任区委书记。到任后,他立即着手调整和恢复工专、医专、安定、铁路、武林铁厂、丝绸厂、印刷工会、闸口电厂等单位的基层党组织,并对各党支部的党员进行坚定革命信念的教育。

"四一二"反革命政变后,他的活动很快引起了国民党当局的注意,张崇文遂与哥哥张崇德一起跟随党组织转移到了武汉。之后,又因身份暴露,与张崇德一起受组织派遣去了苏联学习。

在苏联,张崇文失去了他的血肉至亲,哥哥是他革命道路上的引路人。去时,兄弟二人齐心协力,归时,已是孑然独身。

1930年9月,张崇文回国,在杭州中心县委工作,担任组织委员。11月,因叛徒出卖,党组织机关遭到破坏,张崇文被国民党逮

张崇文在狱中制作的象棋

122

捕,判处十年徒刑。次年3月,由于越狱行动失败,他被改判无期徒刑,移囚国民党浙江陆军监狱。在狱中,酷刑和死亡的威胁并没有动摇张崇文的信念,相反,困境之中,他愈发坚韧凛然,发动难友与敌人斗争。1932年2月,邹子侃、何觉人等人牺牲后,他与狱中的其他党员先后组成第三任、第四任特支,先后任宣传委员、支部书记等职。

1937年,全民族抗战开始,国共两党实现第二次合作,张崇文于8月24日被释放出狱。此时,距离他被逮捕关押,已经过去了七年。甫一出狱,他不顾长期遭受摧残而十分虚弱的身体,立即满腔热情地投入工作,参加了中共浙江省临时工作委员会的组建工作。11月,中共浙江省临时工作委员会成立,他任宣传部部长。

随后,张崇文受省临时工委指派,回到临海,一面重建临海和台州党组织,任中共临海临时工作委员会书记、中共台州临时工作委员会书记;一面帮助国民党临海县政府举办临海抗日干部训练班,领导和发动临海人民开展抗日救亡运动。

1982年,张崇文在杭州与曾关同一监狱的老战友一起(左起徐云寒、张崇文、薛暮桥、徐迈进、骆耕漠)

123

革命先驱

　　1938年2月,张崇文任中共浙江省工委宣传部长兼台州工委书记。4月,他离开临海,调往皖南新四军军部工作,开始了戎马生涯,先后任新四军皖南军部教导纵队政治主任教员,江南指挥部、苏北指挥部政治部宣传科长、部长。

　　皖南事变后,张崇文先后任新四军一师宣传部部长、苏中军政干校副教育长、抗大九分校政治部主任、苏浙军区政治部宣传部部长。解放战争期间,他参加了孟良崮、淮海、渡江、解放上海等重大战役,历任华中野战军随营干校校长,雪枫军政大学副校长,华东军政大学教育长,华东野战军第七纵队政治部副主任、主任,二十五军政治部主任,第三野战军军政干校副校长,上海市军管会训练部副部长,华东军区军政大学政治部副主任等职。

　　1955年,张崇文被授予少将军衔,并获二级独立自由勋章、一级解放勋章。1988年,被授予中国人民解放军一级红星功勋荣誉章。

1988年8月1日,张崇文被授予一级红星勋章时留影

张崇文虽少小离家,却饱含着浓厚的乡情。1958年,他回临海探亲时,提出"绿化荒山,植树造林,造福于民"和"挖掘地方文艺,发扬传统文化"的建议。1989年10月,他将自己珍藏多年的书籍和字画两千四百余册(幅)捐献给临海档案馆。1991年,临海筹建望江门大桥,张崇文得知后,不仅出资捐助,还欣然提笔,为大桥撰联:"西来山色连天姥,东去潮声接海门。"

1995年9月1日,张崇文在北京逝世,享年九十岁。

革命年代,无数的先辈们为了国家、民族的统一和独立,抛头颅洒热血。他们中,有父子,有兄弟,有夫妻,舍弃小家的牵挂,忍下亲人的眼泪,义无反顾奔向远方,只为后世开太平,为家国立安宁。岁月无痕,沧桑有迹,不忘来路艰辛,方能砥砺前行。

在台属特委机关旧址淑德小学合影,右二为张崇文

附　录

中国共产党临海历史大事记
（1919—1949）

1919年

5月4日　在京的临海籍学生参加示威游行　北京十三所大专院校三千余名学生在天安门集会游行，主张拒绝在巴黎和约上签字，要求惩办亲日派官僚曹汝霖、章宗祥、陆宗舆。在京的临海籍学生项士襄、沈敦五等也参加示威游行。

5月12日　临海学生声援北京五四运动　项士襄从北京用"快邮代电"把五四运动的消息传回临海。时任临海图书馆馆长兼六中、回浦两校教师的项士元当天下午就在两校学生中传达，并组织六中、回浦两校各一个班学生上街游行示威，声援北京学生的反帝爱国运动。

5月27日　全省各界代表在临海召开国民大会　浙江各界代表一千余人云集临海，召开全省国民大会，通过决议：抵制日货，召回留日学生，南北宜速统一。

5月28日　台州救国协会成立　台州六县各界青年四千余人，在临海公众运动场召开大会，成立台州救国协会。

1920年

夏　台州救国协会解体　浙江督办卢永祥、省长齐耀珊听信奸商诬告,勒令项士元"停止教职,永不叙用",开除十多名进步学生学籍。台州救国协会在反动势力压制下解散。

1924年

春　中共海门小组建立　台州第一个共产党组织——中共海门小组在位于葭沚(时属临海)的浙江省立甲种水产学校建立。

秋　吴先清加入中国共产党　临海籍青年吴先清在杭州加入中国共产党,成为台州地区第一个女共产党员。

1925年

9月14日　乙丑读书社成立　乙丑读书社在城关敬一小学成立,为当时台州影响最大的青年革命团体。读书社的成立为临海县级中共组织建立做了思想上和组织上的准备。

1926年

12月　中共临海县特别支部成立　共产党员张崇文、张伯炘、陈赓平一起建立了中共临海县特别支部。临海特支是当时浙江地区在上海中共组织的指导下最早建立的十三个中共组织之一。从此,临海人民的革命斗争有了中国共产党的正确领导,台州各县建党工作有了领导核心。

1927年

5月　白色恐怖笼罩临海　临海开始"清党"。中共临海特别支部书记戴邦定遭通缉。

6月　临海当局在城关进行大搜捕　在大搜捕中,三十多位进步青年和共产党员被捕,后经多方营救,被捕同志全部出狱。

9月　中共临海县委成立　中共浙江省委指派张伯炘回临海,建立中共临海县委,张伯炘任书记。县委负责指导台属各县党组织工作。县委的建立,是临海党组织在逆境中发展壮大的重要标志。

12月　黄坦会议召开　中共临海县委在黄坦乡上宅村召开党团活动分子会议,传达中央"八七"会议精神,明确了今后行动的总方针——实行土地革命和武装反抗国民党反动派。

1928年

3月24日　中共浙江省委对临海工作作出指示　省委作出《关于台属六县工作会议的决议案》,对临海县工作提出"西南乡农民应立刻发动斗争""注意海门工人""组织秘密工会""即刻开始士兵运动""改造党组织"等指示。

5月7—8日　临黄天仙四县联席会议在临海召开　中共浙南特派员管容德在临海召开临海、天台、黄岩、仙居四县领导人联席会议,通过《四县联席会议决议案》,提出五月份工作计划,要求尚未建立县委的县在半个月内建立县委。

5月中下旬　支援亭旁暴动　中共临海县委四位组成人员中有三位受省委指派参加亭旁暴动的准备工作。县委还组织两头门、大道地等地的农民武装在珠岙集中,准备参加亭旁暴动。

是月　中共临海北区区委成立　临海北乡建立北区区委,朱渭滨任书记,下辖七个党支部。

12月15日　中共浙南特委机关遭破坏　设在海门的浙南特委机关遭到破坏。中共浙江省委获悉后,决定撤销浙南特委,温州与

附录

131

台州两地党组织分开,各设特派员指导工作。

是年　中共浙江省交通总局临海分局成立　根据中共浙江省委十二号通告,决定在上海设立交通总局,在杭州、宁波设立副局,温州、临海、兰溪三处设立分局。临海分局负责黄岩、温岭、宁海、天台、仙居各县交通联络工作。

1929年

2月　浙南交通处建立　为加强交通工作,中共浙江省委在临海设立浙南交通处,其活动地点在临海城内鸿昌药店。交通处负责温、台、处三个地区的交通联络。

7月　中共台州中心县委建立　5月,中共中央浙东巡视员邵天鹏到台州巡视,指定中共黄岩县委书记石瑞芳为台州中心县委书记,并负责筹建中心县委班子。7月28日,台州党的活动分子会议在临海召开,采取指定方式建立台州中心县委。台州中心县委由中共中央直接领导,临海县的工作由台州中心县委兼管。

1930年

6月18日　临海派代表参加中共浙南党代会　中共浙南第一次代表大会在瑞安召开,临海派代表参加。会议选举产生中共浙南特委,直属中央领导,卜属温州、台州两个中心县委。

8月　姚宅会议　中共台州中心县委在大石姚宅召开台属活动分子会议。会议研究了建立游击根据地、整顿党组织、成立苏维埃政权、开展秋收抗粮暴动等问题。

是月　中共台州中心县委改称行动委员会　根据苏浙皖三省联席会议关于党团工会领导机关合并、设立行动委员会的决定,台州中心县委改称临海行动委员会。

9月　中共台州中心县委恢复　临海行动委员会撤销,恢复台州中心县委。

1931年

4月22日　重组中共台州(临海)临时中心县委　1930年12月,中共浙南特委解体,中共台州中心县委的工作完全停顿下来。1931年1月,台州中心县委书记蓝尘侣去上海找中央联系。他返回台州后,联络各县党员,整理基层支部,于4月22日建立中共台州(临海)临时中心县委,不久又改称台州中心区委(也称临海中心区委)。

7月17日　中共台州中心区委机关遭破坏　台州中心区委设在海门的机关被浙保五团发现,蓝尘侣在海门被捕,朱渭滨、杨敬燮等领导人被国民党通缉。为保存力量,朱、杨隐蔽在临海群众之中,继续领导共产党员进行革命活动。

9月　重建中共台州中心县委　陈育中、杨敬燮、朱渭滨三人在临海东乡庄头文化小学重建台州中心县委,陈育中任书记,杨敬燮、朱渭滨为委员。

12月　中共台州中心县委停止活动　为重建台州中心县委与上级党组织的联系,台州中心县委三人作了分工。书记陈育中去上海找党中央未果,转到杭州,参加杭州特别支部活动,于1932年春被叛徒出卖被捕。杨敬燮在临海东乡组织武装,于11月准备攻打临海县城,途中遇敌中弹牺牲,暴动未成。朱渭滨负责群众工作,因与上级失去联络,无法开展工作,转向隐蔽。12月底,台州中心县委停止活动。

1932年

2月　徐明清在临海四岔村开展党的秘密活动　她以晓村小学

教师的公开身份,联络泗淋小学进步教师,成立"新教育研究会",推行陶行知新教育法,提倡学生走向社会,手脑并用,组织学生参加生产劳动,并开展抗日宣传。晓村小学成为东部沿海地区宣传革命思想,开展抗日救亡活动的阵地。

5月1日　四岔中小学师生举行抗日救亡游行　利用节日集会的机会,晓村小学的中共党员教师发动和组织了四岔附近所有的中小学师生,进行大规模的抗日救亡游行,开展抗日宣传。

1935年

11月13—15日　红军挺进师第一纵队一部在临海活动　由北上抗日先遣队先行部队和红十军团突围部队组成的红军挺进师红一纵队一部七十余人在临海城西一带活动,开展抗日宣传。他们在城西和双港近二十个村庄活动两天两夜,每到一处就张贴标语,宣传革命主张,在群众中留下深刻印象。

1937年

11月—12月　中共临海县临时工作委员会、中共台州临时工作委员会建立　11月,中共浙江省临时工作委员会委员、宣传部长张崇文受命回台州负责台州地区的党组织恢复工作。他在临海筹建临海县临工委,张崇文任书记,朱渭滨、朱惠文任委员。12月,又筹建了台州临工委及天台、黄岩、温岭三个县工委与海门特别支部。张崇文任台州临工委书记,齐德夫、林泗斋、梁耀南为临工委委员,临工委机关设临海城区。1938年4月,张崇文调新四军工作。

1938年

2月19日　临海县各界抗日自卫委员会成立　在中共临海临

工委的建议下,临海县抗敌后援会改名为临海县各界抗日自卫委员会(简称抗委会),下设训练、宣传、财务、难民、战地服务五个委员会,全面组织和发动临海的抗日救亡运动。

2月　海门民先队(中华民族解放先锋队)建立　民先组织是中国先进青年在中国共产党领导下建立的抗日救国组织。海门民先队直属中共海门特支领导。同年夏,民先临海县队在城区建立,属临海县委直接领导。1939年秋,根据中共中央东南局指示信和中共浙江省委决定,台州"民先"停止活动。

3月　开办临海县抗日自卫干部训练班　中共台州临时工作委员会书记兼临海县临时工作委员会书记张崇文被选为临海县抗日自卫委员会训练委员会常务委员。临海临工委派人帮助开办临海县抗日自卫干部训练班,张崇文在训练班上作过题为《抗日必胜论》《关于汉奸问题》的两次演讲。

4月15日　临海县战时政治工作队(简称政工队)成立　政工队名义上是国民党政府下的工作机构,由国民政府县长兼任队长,实际是国共合作的产物,也是国共合作的工作机构。政工队主要负责人多数是中共党员。县政工队建立以后,为临海抗日救亡运动做了不少工作。1940年夏,国民党顽固派把临海县政工队改为"青年服务队",划隶三青团,共产党员和进步青年被迫撤出。

5月　中共台属特委建立　中共浙江临时省委指派宿士平、陈阜、张忍之等人来台属建立临时特委,宿士平任书记。10月,临时特委转为正式特委,刘清扬任书记。特委机关先后设在海门东山中学、临海岭根、黄岩桐树坑等地。

7月　中共临海县委重建　中共临海县临时工作委员会于5月改为中共临海县工委。7月,临海县工委撤销,重建中共临海县委,由周震东任书记。县委活动点放在北固山嘉祐寺。

1940年

6月8日　营救中共台属特委书记刘清扬　5月15日,台属特委书记刘清扬和特委常委林尧从天台开会后返回黄岩,被国民党黄岩县警察局拘禁。在得知国民党台州当局要把刘押往国民党省政府机关驻地永康方岩后,中共临海县委组织力量在临海与天台交界的上陈横地方成功营救刘清扬,有力地打击了国民党顽固派的嚣张气焰。

1941年

1月　中共台属特委机关岭根落脚点建立　为便于台属特委机关的隐蔽,中共浙江省委把李乐山、王梦之夫妇调到台属特委工作,在临海岭根乡王梦之家建立特委机关落脚点。特委分工李乐山负责联络临海、三门两县工作。11月,特委撤销后,李乐山夫妇奉命调去苏北抗日根据地,特委机关岭根落脚点撤销。

11月　中共台属特委改为特派员制　中共浙江省委决定撤销党的委员会制,建立单线领导的特派员、联络员制。刘清扬任台属总特派员,林尧任总特派员秘书。台属地区分为南北两片,各片分设特派员,刘清扬兼台南特派员,郑嘉治任台北特派员。临海县委撤销,杨炎宾任临海、三门联络员兼三门县特派员,吴瑛任临海县特派员。

1942年

5月　台属党组织归中共中央华中局领导　中共浙江省委遭破坏后,台属总特派员秘书林尧向华中局汇报了省委遭破坏情况,并请示如何建立浙江各地党组织的领导关系问题。华中局电复:台属党组织及浙江各地党组织直属华中局领导。

7月28日　台属党组织划归中共浙东区党委领导　28日,浙东区党委成立,华中局决定将台属党组织划归浙东区党委领导。

1943年

2月　台属党组织完成撤退任务　因台属党组织屡遭破坏,部分党员身份暴露,1942年9月,台属北特派员郑嘉治向中共浙东区党委书记谭启龙建议把台属党的干部撤到浙东抗日根据地。经请示华中局同意,郑嘉治回台州具体安排撤退工作。至1943年2月完成撤退任务,台属暴露身份的党员八十余人撤往四明山浙东抗日根据地。

1946年

6月　台属党组织与四明特派员接上联系　中共浙东四明地区特派员刘清扬派人到台州和浙南括苍山等地联络,在临海找到了浙东党组织原先派回台属的林山,并通过林山与台属党组织接上了关系。刘清扬要求台属地区的斗争方针要适应新形势的发展,逐步恢复党组织的活动,准备进行武装斗争。

1947年

1月底　召开"梅花村会议"　1月,中共中央上海分局召开浙东工作会议(即上海会议),决定把台属地区作为浙东游击战争的出发点和立足点。为贯彻上海会议精神,中共浙东工作委员会和台属工作委员会负责人在宁海县白岭根村举行会议(史称梅花村会议),确定台属工委的工作中心放在临海,成立中共临海中心县委,浙东工委书记刘清扬驻临海大石具体指导台属工作。

3月初　中共临海中心县委第一次扩大会议召开　台属工委书记兼中共临海中心县委书记邵明在大石区徐下坑村主持召开临海中心县委第一次扩大会议,决定建立大石、双港两个区委。

3月下旬　组建台属武装工作队　中共台属工作委员会从台属各县抽调二十余人,组建台属武工队。武工队以打猎队的名义,在临海大石开展军事训练。

8月　中共台属工作委员会和武工队撤出临海　在国民党临海县自卫队和天台县自卫队等反动武装的围剿下,台属工委和武工队撤出临海,中共临海中心县委停止活动。

1948年

8月31日　双庙伏击战　8月27日,浙东人民解放军第四支队进入临海大石。国民党台州当局调集宁海、天台、三门、临海等县的保警队、自卫队和浙江省第六区署保安独立营前来"围剿"。31日清晨,四支队"钢铁"部队和支队部在大田双庙村前面山上的芝冠庵伏击保安独立营,活捉营长罗承宽。双庙伏击战的胜利,使浙东人民解放军四支队在台州立住了脚跟,扭转了台属地区武装斗争的被动局面,也为台属工委的后方供给开通了安全的通道。

9月初　中共临(海)三(门)工作委员会成立　根据形势发展,为加强临海、三门两县党的工作,成立中共临三工委,陈波涛任书记。

10月　中共临(海)三(门)办事处成立　根据台东会议精神,临海与三门县建立临三办事处(即浙东第一行政督察专员公署第六办事处),管辖临海、三门两县,梅法烈任办事处主任。

是月　临(海)天(台)仙(居)办事处成立　初秋,王阿法受中共台属工作委员会委派,到临天仙边区发动群众,筹组武装。10月,建

138

立临天仙办事处(即浙东第一行政督察专员公署第八办事处),主任王阿法,管辖临海县的双港地区及天台与仙居接壤部分地区。11月,建立临天仙武工队,王阿法任队长。

11月中旬　琳山知识青年联合会成立　联合会秘密传递革命书刊,为游击队传递情报,掩护过往革命同志,动员青年参加革命队伍,为革命做了大量工作。

1949年

1月　中共仙(居)临(海)黄(岩)边区委员会成立　中共括苍中心县委决定建立中共仙临黄边区委员会,同时将括苍支队第二中队扩编为括苍支队挺进大队,在仙临黄边区开展游击活动。

2月　发展新民主主义青年团组织　根据中共台属工作委员会指示,临海开始建立中国新民主主义青年团(简称新青团)组织,当时通称"地下团"。新青团配合党组织向临海各界群众宣传全国革命形势和党的方针、政策,担负党的刊物发行、传递任务。

3月　临海办事处成立　三门解放后,为了更快地推进临海的工作,监视国民党临海军政机关的活动,做好统战策反工作,迎接临海的解放,中共台属工委决定撤销临三办事处,建立临海办事处(后改称临东办事处),梅法烈任主任。

5月29日　临海和平解放　在中共临三工委和椒南工委的积极努力下,国民党临海县长汪振国与国民党台州保安独立团团长楼光明于29日凌晨1时联合起义,到上午8时左右,临海城里所有的国民党反动军队都被缴械,起义部队完全控制临海城。临海和平解放。

中共临海地方组织沿革表
（1924—1949.6）

时期	时间	组织名称	机关驻地	领导机关	下属组织	
					区委	支部
党的创建和革命时期	1924年春	中共海门小组	海门	中共杭州支部	无	
	1926.12—1927.2	中共临海县特别支部	临海城关	上海大学党组织	无	
	1927.2—1927.8	中共临海县特别支部	临海城关	中共杭州地委	无	4
土地革命战争时期	1927.9—1927.12	中共临海县委	临海城关	中共浙江省委	无	5
	1928.1—1928.3	中共临海县委	临海城关	中共浙江省委	6	50
	1928.4—1928.5					
	1928.5—1928.8					
	1928.8—1928.11	中共临海县委	临海城关	中共浙南特委	6	50
	1929.5—1930.8	中共台州中心县委	海门	中共中央	6	30
	1930.8—1930.9	临海行动委员会	临海城关	浙南总行委	1	8
	1930.9—1930.11	中共台州中心县委	临海城关	中共浙南特委	无	3

时期	时间	组织名称	机关驻地	领导机关	下属组织	
					区委	支部
	1930.11—1931.3	中共台州中心县委	临海城关	中共江南省委	无	8
	1931.4—1931.5	中共台州(临海)临时中心县委	临海大石	中共中央	1	7
	1931.5—1931.7	中共台州(临海)中心区委	海门	中共中央	无	3
	1931.9—1931.12	中共台州中心县委	临海庄头	—	不详	
抗日战争时期	1937.11—1938.4	中共临海县临时工作委员会	临海城关	中共台属临工委	不详	
	1938.5—1938.7	中共临海县工作委员会	临海城关	中共台属特委	不详	
	1938.7—1939.10	中共临海县委	临海城关	中共台属特委	4	47
	1939.10—1940.4					
	1940.4—1941.11					
	1941.11—1942.7	中共临海特派员	临海上盘	中共台属特派员	无	2
	1942.7—1943.3					
解放战争时期	1947.2—1947.8	中共临海中心县委	临海大石	中共台属工委	2	15
	1948.9—1949.5	中共临(海)三(门)工作委员会	三门临海城关	中共台属工委	无	5
	1949.1—1949.6	中共仙(居)临(海)黄(岩)边区委员会	仙居上张	中共括苍中心县委	不详	
	1949.6.12	中共临海县委	临海大田	—	6	不详

附
录

永恒
的记忆

临海籍革命烈士英名录
(1919—1949)

郭凤韶(1911—1930) 女,古城街道人。中共党员。1930年9月26日牺牲于南京雨花台,时为中共南京市委交通员,南京反帝自由大联盟女工委员。

秦 龙(1904—1932) 古城街道人。中共党员。1932年春牺牲于杭州浙江陆军监狱,时为中国工农红军第十三军政治部副主任。

陈学西(1005 1934) 古城街道人。中共党员。1934年牺牲于福建汀州,时为苏区中央机关工作人员。

林 炯(1900—1937) 括苍镇宝上岙村人。中共党员。1937年牺牲于苏联,时为《救国时报》编辑。

谢升标(1903—1938) 大洋街道西新村人。1938年3月20口牺牲于江苏省溧阳县,时为国民党苏浙皖边区游击骥字部队司令。

黄洪涛(1904—1938) 江南街道小溪村人。中共党员。1938年8月牺牲于临海县小溪乡,时为临海县战时政治工作队队员。

罗仁贵(? —1938) 临海人。中共党员。1938年10月牺牲于湖北省洪湖燕窝区,时为新华日报社维修工。

梁老四(1914—1940) 河头镇百步村人。中共党员。1940

年 12 月牺牲于临海县百步村下梁岩,时为中共临海县北区区委委员。

朱汝凡(? —1941) 河头镇前山三村人。1941 年 1 月牺牲于安徽省泾县,时为新四军教导总队学员。

朱昌洪(1918—1941) 河头镇前山一村人。1941 年 1 月牺牲于安徽省泾县,时为新四军教导总队学员。

朱金裘(1918—1941) 河头镇前山三村人。1941 年 1 月牺牲于安徽省泾县,时为新四军教导总队学员。

夏发墠(1921—1941) 涌泉镇联合新村人。1941 年 1 月牺牲于安徽省泾县,时为新四军军部军法处干事。

金良标(1921—1941) 桃渚镇万兴村人。中共党员。1941 年 4 月牺牲于江苏省武进县寨桥,时为中共江苏武进县湖滨区委书记。

林英德(1921—1942) 桃渚镇大顺村人。1942 年 7 月牺牲于上虞县,时为新四军南进支队战士。

戈 阳(1923—1945) 桃渚镇四岙村人。中共党员。1945 年 6 月牺牲于上虞县,时为新四军浙东游击纵队教导员。

卢大宝(1891—1945) 东塍镇千洋村人。1945 年 6 月牺牲于临海县东鲁乡驯山,时为东鲁乡千洋村抗日自卫队队员。

卢门掌(1923—1945) 东塍镇千洋村人。1945 年 6 月牺牲于临海县东鲁乡驯山,时为东鲁乡千洋村抗日自卫队队员。

卢立初(1910—1945) 东塍镇千洋村人。1945 年 6 月牺牲于临海县东鲁乡驯山,时为东鲁乡千洋村抗日自卫队队员。

卢立通(1908—1945) 东塍镇能仁村人。1945 年 6 月牺牲于临海县东鲁乡驯山,时为东鲁乡能仁村抗日自卫队队员。

卢撑苟(1903—1945) 东塍镇千洋村人。1945 年 6 月牺牲于

临海县东鲁乡驮山,时为东鲁乡千洋村抗日自卫队队员。

卢德焕(1911—1945) 东塍镇能仁村人。1945年6月牺牲于临海县东鲁乡驮山,时为东鲁乡能仁村抗日自卫队队员。

屈仁文(1917—1945) 东塍镇泄上村人。1945年6月牺牲于临海县东鲁乡驮山,时为东鲁乡泄上村抗日自卫队队员。

周伯春(1913—1945) 东塍镇千洋村人。1945年6月牺牲于临海县东鲁乡驮山,时为东鲁乡千洋村抗日自卫队队员。

屈彦灶(1914—1945) 东塍镇东溪单村人。1945年6月牺牲于临海县东鲁乡驮山,时为东鲁乡东溪单村抗日自卫队队员。

屈彦村(1924—1945) 东塍镇千洋村人。1945年6月牺牲于临海县东鲁乡驮山,时为东鲁乡千洋村抗日自卫队队员。

屈统明(1917—1945) 东塍镇屈家村人。1945年6月牺牲于临海县东鲁乡驮山,时为东鲁乡屈家村抗日自卫队队员。

姜元朝(1905—1945) 东塍镇能仁村人。1945年6月牺牲于临海县东鲁乡驮山,时为东鲁乡能仁村抗日自卫队队员。

黄道方(1923—1945) 桃渚镇芙蓉村人。1945年9月牺牲于海盐县澉浦,时为新四军浙东游击纵队战士。

卢志耿(1922—1945) 东塍镇勤勇村人。1945年牺牲于河南省永城县,时为新四军第一纵队三旅战士。

郑仁桃(1919 1946) 永丰镇茶辽村人。中共党员。1946年12月牺牲于江苏省宿迁县乔城,时为中国人民解放军山东野战军第一纵队一旅二团战士。

鲍仲富(1920—1946) 沿江镇下岙村人。1946年牺牲于黑龙江省,时为中国人民解放军某部战士。

杨训明(？—1947) 临海人。中共党员。1947年2月牺牲于山东省莱芜县,时为中国人民解放军华东野战军第一纵队三师七团

144

副班长。

陈清辉（1929—1947） 桃渚镇四岔村人。1947年2月牺牲于江苏省宿迁县,时为中国人民解放军华东野战军第一纵队三师七团三营卫生员。

陈必富（1928—1947） 桃渚镇四岔村人。1947年4月牺牲于山东省,时为中国人民解放军华东野战军第一纵队三师七团二营副班长。

陈顾扬（1922—1947） 临海人。1947年4月牺牲于鲁西,时为中国人民解放军华东野战军第一纵队三旅一一团二营指导员。

孙高暖（1907—1947） 河头镇岩坑村人。中共党员。1947年7月牺牲于临海天台交界处的上陈横地方。

黄崇根（1926—1947） 桃渚镇四岔村人。1947年牺牲于江苏省宿迁县,时为中国人民解放军华东野战军第一纵队战士。

陈小友（1922—1948） 桃渚镇四岔村人。1948年2月牺牲于鲁西南,时为中国人民解放军华东野战军第一纵队三旅七团二营六连班长。

金德标（1916—1948） 河头镇玉峰村人。中共党员。1948年2月牺牲于临海县城关南门小校场,时为中共台属工委工作人员。

潘华兴（？—1948） 临海人。1948年6月牺牲于河南省睢县白岙,时为中国人民解放军第二十军六十师一七九团班长。

王仁福（1923—1948） 桃渚镇北塘村人。中共党员。1948年7月牺牲于河南省杞县王老集淮杞,时为中国人民解放军华东野战军第一纵队三师七团某连班长。

罗德生（1911—1948） 古城街道人。中共党员。1948年11月牺牲于定海县白虎山嘴,时为东海游击总队第五中队指导员。

毛文德（？—1948） 临海人。1948年牺牲于淮海战役,时为

145

中国人民解放军华东野战军第一纵队三师七团战士。

朱立桥（？—1948） 临海人。1948年牺牲于淮海战役,时为中国人民解放军华东野战军第一纵队三师七团某连副班长。

陈金衍（？—1948） 临海人。1948年牺牲于淮海战役,时为中国人民解放军华东野战军第一纵队三师八团战士。

徐三柳（1923—1949） 河头镇百步村人。1949年1月牺牲于淮海战役,时为中国人民解放军华东野战军某部副班长。

王洪现（1926—1949） 大田街道双庙村人。1949年3月牺牲于天台县,时为浙东人民解放军第二游击纵队四支队战士。

朱凤鸣（1926—1949） 河头镇岭祥村人。1949年3月牺牲于天台县城东门外尼姑庵,时为浙东人民解放军第二游击纵队四支队班长。

杨洪清（1928—1949） 大田街道山前村人。1949年3月牺牲于天台县,时为浙东人民解放军第二游击纵队四支队战士。

金梅苟（1932—1949） 杜桥镇西邵村人。1949年3月牺牲于临海县西邵,时为临海县穿南乡西邵村民兵。

徐继茂（1915—1949） 永丰镇磨头村人。1949年4月牺牲于更楼乡上磨头,时为临海县沙园乡磨头村民兵队队长。

梅锡钗（1910—1949） 永丰镇磨头村人。1949年4月牺牲于更楼乡上磨头,时为临海县沙园乡磨头村农会会长。

叶良金（1897—1949） 白水洋镇中央屋村人。1949年5月牺牲于天台县城西门,时为中共天南工委工作人员。

吴中福（1915—1949） 临海人。1949年5月牺牲于上海,时为中国人民解放军第三十军八十九师二六六团战士。

陈胜武（1916—1949） 临海人。1949年5月牺牲于上海,时为中国人民解放军第二十军五十九师一七五团三连战士。

李梦多(1922—1949)　永丰镇西岙村人。1949年6月牺牲于临海县白水洋桥头塘,时为临海县城西区区武工队战士。

陶秀秋(1927—1949)　永丰镇大洋村人。1949年6月牺牲于临海县白水洋桥头塘,时为临海县城西区区武工队战士。

王小火(1925—1949)　括苍镇大岙村人。1949年7月牺牲于临海县大岙大塘岭,时为临海县大岙民兵队民兵。

王大炎(1898—1949)　括苍镇大岙村。1949年7月牺牲于临海县大岙杨梅山,时为临海县大岙民兵队民兵。

金从友(？—1949)　东塍镇岭头村人。1949年7月牺牲于三门县戳壁坑,时为中国人民解放军浙江第三(衢州)军分区侦通连侦察员。

金锦文(1922—1949)　河头镇花塘村人。1949年7月牺牲于天台县,时为天台县大队班长。

高正舟(1903—1949)　大洋街道塘里村人。1949年7月牺牲于三门县桥头安,时为中国人民解放军一〇四四部队侦察连战士。

徐言明(1918—1949)　括苍镇大岙村人。1949年7月牺牲于临海县大岙水礁山,时为临海县大岙民兵队班长。

徐言法(1904—1949)　括苍镇大岙村人。1949年7月牺牲于临海县大岙,时为临海县大岙民兵队民兵。

徐哲林(1919—1949)　括苍镇大岙村人。1949年7月牺牲于临海县张家渡下步,时为临海县大岙民兵队班长。

陶小孟(1900—1949)　括苍镇大岙村人。1949年7月牺牲于临海县大岙,时为临海县大岙民兵队民兵。

程伦卓(1923—1949)　括苍镇大岙村人。1949年7月牺牲于临海县大岙,时为临海县大岙民兵队民兵。

袁良涛(1915—1949)　邵家渡街道前洋村人。1949年8月

7日牺牲于临海县邵家渡村,时为临东办事处工作人员。

王　珏(1906—1949)　汇溪镇仙人桥村人。1949年8月牺牲于临海县仙人桥车站,时为浙东人民解放军第二游击纵队四支队参谋。

李式典(1914—1949)　杜桥镇汾西村人。1949年8月牺牲于临海县章安,时为浙东人民解放军第二游击纵队四支队工作人员。

谢元芳(1923—1949)　邵家渡街道邵家渡村人。1949年8月牺牲于临海县邵家渡乡邵家渡村。

陈　信(1926—1949)　括苍镇下泛村人。1949年9月牺牲于临海县白水洋,时为仙居县委工作队工作人员。

章　球(1895—1949)　邵家渡街道大路章村人。1949年10月7日被土匪枪杀。

祁　焕(1929—1949)　临海人。1949年10月牺牲,民兵。

张金明(1928—1949)　河头镇上炉村人。1949年10月牺牲于福建省厦门,时为中国人民解放军第二十九军八十五师二五五团6连班长。

王洪兵(1930—1949)　白水洋镇蒋㕦村人。1949年11月牺牲于仙居县西高地,时为临海县双港区中队战士。

周才保(1926—1949)　东塍镇沙溪下村人。1949年11月牺牲于临海县桃渚,时为中国人民解放军浙江第六(台州)军分区警备团战士。

林老伍(1925—1949)　永丰镇吕伞店村人。1949年11月牺牲于定海县,时为中国人民解放军第二十二军战士。

卢向荣(1929—1949)　东塍镇大房村人。1949年12月牺牲于临海县岩西乡,时为临海县岩西乡人民政府征粮员。

朱昌外(1932—1949)　白水洋镇官溪村人。中共党员。1949

年12月牺牲于黄岩县路桥区峰江,时为黄岩县路桥区峰江乡公所指导员。

张英初(1935—1949) 白水洋镇上峰村人。1949年12月牺牲于仙居县洋碰头,时为临海县双港区中队战士。

秦青富(1919—1949) 尤溪镇花联村人。1949年12月牺牲于福建省德化县,时为中国人民解放军第十军团兼福建军区某部排长。

冯行利(1915—1949) 沿江镇桩头村人。1949年牺牲于临海县涌泉大山,时为桩头村村长。

陈友龙(? —1949) 临海人。1949年牺牲,时为中国人民解放军第二十军六十师一七八团战士。

杨永芳(? —1949) 临海人。1949年牺牲,时为中国人民解放军第二十军六十师一七八团班长。

陈英生(1930—1949) 临海人。1949年牺牲于天津市,时为中国人民解放军第三十九军一一五师三四三团六连战士。

杜振山(1927—1949) 临海人。1949年牺牲于天津市,时为中国人民解放军第四十五军一三三师三九八团五连战士。

李鲁法(1918—1949) 大洋街道洋头社区人。1949年牺牲于临海县大田,时为浙东人民解放军第二游击纵队四支队战士。

李德兴(? —1949) 临海人。1949年牺牲,时为中国人民解放军第二十军六十师一七八团副班长。

郑大祥(? —1949) 临海人。1949年牺牲于天津市,时为中国人民解放军第四十六军一三七师四〇九团九连战士。

赵老方(1925—1949) 临海人。1949年牺牲于福建省厦门,时为中国人民解放军第二十九军八十五师二五四团副班长。

高启汉(1916—1949) 大洋街道塘里村人。中共党员。1949

年牺牲于临海县孔丘,时为大田区农会主任。

陈大寿(1926—?) 杜桥镇西岙村人。牺牲时为中国人民解放军第四野战军后勤一分院一连战士。

任永倪(?) 临海人。牺牲于杭州市,时为临海县大石区岭下塘村村委会委员。

吴贤秋(?) 临海人。牺牲于上海市,时为中国人民解放军第二十军六十师一七九团战士。

朱文献(?) 临海人。

张正良(?) 临海人。

陈梦荣(?) 临海人。中共党员。牺牲时为我党地下工作人员。

洪如喜(?) 临海人。

(资料来源:临海市退役军人事务局)

图书在版编目（ＣＩＰ）数据

永恒的记忆 / 何薇薇, 马曙明编著. -- 北京 ：九
州出版社, 2023.6
ISBN 978-7-5225-1904-3

Ⅰ. ①永… Ⅱ. ①何… ②马… Ⅲ. ①散文集 - 中国
- 当代 Ⅳ. ①I267

中国国家版本馆CIP数据核字（2023）第102019号

永恒的记忆

作　　者	何薇薇　马曙明　编著
责任编辑	姬登杰
出版发行	九州出版社
地　　址	北京市西城区阜外大街甲35号（100037）
发行电话	（010）68992190/3/5/6
网　　址	www.jiuzhoupress.com
印　　刷	杭州万星印务有限公司
开　　本	710毫米×1000毫米　　16开
印　　张	10
字　　数	116千字
版　　次	2023年8月第1版
印　　次	2023年8月第1次印刷
书　　号	ISBN 978-7-5225-1904-3
定　　价	46.00元